arikoのくいしんぼうおつまみ

飲む人も飲まない人も、みんな美味しい

ariko

KOBUNSHA

はじめに

我が家では晩ごはんのとき、
まずはよく冷えたビールで乾杯するのがいつものこと。
今日もお疲れさま、そんな気持ちを込めて、
一杯目に合う気の利いたおつまみを作ると、
その後の献立も自ずとそれに沿ったメニューにまとまります。
そんな習慣を続けていくうちに、
お酒に合うおつまみのような、
ごはんにも合うおかずのようなメニューが増えていきました。
おつまみだからチャチャッと簡単にできるものがいいし、
夕飯にもなる食べ応えも必要。
何品も作らなくても満足できる3品の献立仕立てで。
そんなお題で、月刊誌『CLASSY.』で2年半、
「arikoのおつまみごはん」連載を担当させていただきました。
おつまみといっても本当にいろいろ。
つまみたくなるようなビジュアルに食欲をそそる味付け、
そこに旬の素材や季節感も感じさせることができたなら——
毎日の食卓がもっと楽しくなるのではないでしょうか。
連載を続けていくうちに春夏秋冬のイベント感も盛り込んで、
充実のレシピが集まりました。
おつまみにもおかずにもなって、
飲む人も飲まない人もみんな一緒に美味しくて
幸せになれる…そんないいとこどりの、
名付けて「くいしんぼうおつまみ」。
皆さんに楽しんでいただけたら幸いです。

ariko

◦お花見気分な行楽弁当

こっくり甘辛味の肉巻きに塩味たまご、梅ごま和えに箸休めの甘酢漬け。彩りよくかごに盛り付ければ、行楽気分にぴったりなお弁当仕立てのおつまみごはんが完成！ 外はもちろん、お家でもホームパーティでも楽しめます。

Spring Otsumami

お家飲みはもちろん、
人と集まるのも
楽しい季節の彩りおつまみ

春

暖かくなって日差しが気持ちのいい季節。
スーパーに出回る優しい色合いの春野菜にも心が躍ります。
ちょっと苦味のある野菜も春ならではの楽しみ。
おつまみにも旬の素材を取り入れると、
体も整うような気がします。
献立は甘辛味のおかずを組合せてメリハリを。
まだ明るい時間からのんびり家飲みするのもいいし、
お弁当を作ってお花見やピクニックと
洒落込むのも、楽しい時間になるはず。

①肉巻きいろいろ

Point

肉巻きの中身は、
下ごしらえがいらずに
そのまま巻けて
シャキシャキした
歯ごたえが美味しい
豆苗やえのき、
長芋がおすすめ。

材料　※2人分

豚ロース肉
しゃぶしゃぶ用　16枚
豆苗　1/2パック
えのき　1パック
長芋　5cm
塩　少々
薄力粉　大さじ1
サラダ油　大さじ1

A
- 醤油　大さじ1と1/2
- 酒　大さじ1と1/2
- みりん　大さじ1と1/2
- 砂糖　小さじ1

すだちやかぼす、
レモンなど好みの
柑橘　適量

作り方

1.豆苗は根を切り、長さを半分に切る。えのきは石づきを切り長さを半分に切る。長芋は皮をむいて縦4等分に切る。Aを合わせておく。
2.まな板にしゃぶしゃぶ肉を2枚、端を少し重ねるようにして縦に並べる。豆苗とえのきはそれぞれ1/3量を手前にたっぷり置き、奥に向かってしっかりと巻く。長芋は1本につきしゃぶしゃぶ肉1枚を使って同じように巻く。巻けたら軽く塩で下味をつけ、薄力粉を振ってまぶす。
3.フライパンにサラダ油を入れて中火で熱し、巻き終わりが下になるように並べる。焼き色がついたものから順に転がし、全体に焼き色がついたら、合わせておいたAを回しかける。中火のまま2分ほど、たれが肉巻きにからまるように転がしながら煮詰めていく。全体に照りが出たらトングなどで取り出す。
4.豆苗を巻いたものは半分に切り、えのきと長芋を巻いたものはそのまま器に盛り付ける。好みの柑橘を添える。

② 塩味たまご

材料　※作りやすい分量

卵　4～6個

A
- 水　150mℓ
- 白だし　小さじ2
- 塩　小さじ1

作り方

1.卵は常温に戻す。沸騰した湯に静かに入れ、転がしながら中火で7分茹でる。冷水に取って卵同士をぶつけてヒビを入れ、粗熱が取れたら水中で殻をむく。
2.小鍋にAを入れて沸かし、塩が溶けたら火を止めて冷ます。
3.保存用ポリ袋などに1の卵を入れて2を注ぐ。冷蔵庫で一晩漬け込む。冷蔵庫で3～4日保存可能。

Point

副菜には、彩りがきれいかつ汁気が少ないものを選ぶことでお弁当仕様になります。

③ ほうれん草の梅ごま和え

材料　※作りやすい分量

ほうれん草　1束
梅干し　2個
黒すりごま　大さじ3
だし醤油　大さじ1
砂糖　小さじ1

作り方

1.ほうれん草はよく洗って水に浸す。鍋に湯を沸かし、塩少々(分量外)を入れてほうれん草を入れ1分茹で冷水に取る。水気をよく切って3cm幅に切る。
2.梅干しは種を取って包丁で滑らかになるまで叩く。ボウルに梅干しとだし醤油、砂糖を入れてよく混ぜる。
3. 2のボウルに1と黒すりごまを入れてよく和えて器に盛る。

④ 旨味甘酢漬け

材料　※作りやすい分量

れんこん　1節
みょうが　6個
紫キャベツ　1/4個

A
- 米酢　150mℓ
- だし汁　150mℓ
- 砂糖　大さじ3
- 塩　小さじ1

赤唐辛子　適量

※Aは漬ける材料1種に対しての量。みょうがのみ、米酢とだし汁は100mℓにする

Point

甘酢漬け用の合わせ酢の配合を覚えておくと、れんこんやみょうが、紫キャベツなど好みの野菜で楽しめます!

作り方

1.Aを合わせて甘酢を作る。だしは同量の水に顆粒だしの素を小さじ1/2加えたものでもよい。
2.れんこんは皮をむいて、2mmの薄さに切り水にさらす。鍋に湯を沸かし、塩少々(分量外)を加えたところに水気を切ったれんこんを入れ、2分茹でてザルに上げ、れんこんが熱いうちに種を取って輪切りにした赤唐辛子と一緒に甘酢に漬ける。
3.みょうがは縦半分に切る。鍋に湯を沸かし、みょうがを入れて1分茹でてザルに上げ、塩少々 (分量外)を振る。粗熱が取れたら水気を絞って甘酢に漬ける。
4.紫キャベツは2～3mm幅の細切りにしてボウルに入れ、塩小さじ1を振って混ぜる。鍋に湯を沸かし、紫キャベツを入れて10秒茹でてザルに上げ、粗熱が取れたら水気を絞って甘酢に漬ける。

※すべて、1時間程度漬けたら食べ頃。冷蔵庫で10日～2週間くらい保存可能。

① チキンのハーブマリネグリル
—焼きレモン添え—

材料　※2人分

鶏もも肉　2枚
塩　小さじ1と1/2
胡椒　少々
にんにく　1かけ
ローズマリー　2枝
オリーブオイル　大さじ1強

※付け合わせ
レモン　1個
ズッキーニ　1本
パプリカ　1/2個
お好みのソーセージ　2〜3本

作り方

1.鶏肉は余分な脂や筋をキッチンバサミなどで取り除き、焼き縮みを防ぐために所々包丁を入れる。塩･胡椒をまんべんなくまぶし、スライスしたにんにく、ローズマリー、オリーブオイルを加えてよくなじませ冷蔵庫で1時間以上漬け込む。
2.ズッキーニは2㎝幅の輪切り、パプリカは縦半分にしてから種を取り、2㎝幅に切る。レモンは半分に切る。
3.冷たいフライパンにマリネした鶏肉を皮面を下にして並べ、火をつける。フライパンより小さな鍋の蓋や皿を上からかぶせて押しつけながら、弱めの中火で焦げないようにじっくり焼く。油が出てきたら、フライパンの空いたところにズッキーニとパプリカ、レモンの断面を下にして並べて焼く。
4.皮面に香ばしい焼き色がついたら鶏肉を裏返し、中火で3〜5分焼く。
5.鶏肉を取り出しアルミホイルに包んで5分ほど休ませる。付け合わせの野菜を器に盛り、軽く塩（分量外）を振る。空いたフライパンでソーセージを焼く。
6.休ませた鶏肉とソーセージを盛り付け、焼いたレモンを添える。

○BBQ風グリルチキンとサラダ

香りが食欲を刺激するハーブでマリネしたチキンや、たっぷりの野菜をフライパンでグリル。
前もって用意しておけるサラダやマリネを添えて、爽やかなビアカクテルで乾杯すれば外じゃなくてもBBQ気分に。

Point

マリネしておけば
風味がよくて
しかもしっとり。
皮面からじっくり
焼くことで
皮はパリッと香ばしく
身はジューシーに。

シーザーサラダ

タコのさっぱり
マリネ

②シーザーサラダ

Point

シーザーサラダは
時間を置いても
しんなりしない
ところがいい。
マヨネーズとレモンで
手軽に味わい深く。

材料　※2人分

ロメインレタス　1/2個
ゆで卵　1個
パルミジャーノレッジャーノ　適量

A
マヨネーズ　大さじ2
レモン汁　小さじ2
オリーブオイル　小さじ2
パルミジャーノレッジャーノ　大さじ1
塩　少々
黒胡椒　少々

作り方

1.ロメインレタスはざく切りにする。
2.ボウルにAを合わせてロメインレタスを入れ、ざっくりと和える。
3.器に盛り、潰したゆで卵をのせる。お好みでパルミジャーノレッジャーノを削って振りかける。

③タコのさっぱりマリネ

Point

タコとトマトの
サイズを合わせて
切るのが、
食べやすさのコツ。

材料　※2人分

茹でダコの足　1本
トマト　1個
玉ねぎ　1/4個
セロリ　1/4本
パセリ　適量

A
にんにく(みじん切り)　少々
レモン汁　大さじ1
白ワインビネガー　大さじ1
塩　小さじ1
砂糖　小さじ1
胡椒　少々
オリーブオイル　大さじ2

作り方

1.茹でダコとトマトは2㎝角に切る。玉ねぎ、セロリ、パセリはそれぞれみじん切りにして水にさらし、しっかり水気を絞る。
2.ボウルにAを合わせ、1を入れて和える。器に盛り、とっておいたパセリを振る。

① ハニーマスタードチキン
—春野菜グリル添え—

材料　※3〜4人分

- 鶏手羽元　10本
- 塩　小さじ1
- 黒胡椒　少々
- オリーブオイル　大さじ2
- A
  - 粒マスタード　大さじ2
  - ハチミツ　大さじ2
  - 酒　大さじ2
  - 水　大さじ2
  - 酢　大さじ1
  - 醤油　大さじ1
  - 胡椒　少々
- かぶ　2個
- 菜の花　1束
- バルサミコ酢　小さじ2
- 塩・胡椒　各少々

作り方

1.鶏肉は水洗いしてしっかり水気を拭き、塩をして10〜15分なじませる。
2.フライパンにオリーブオイル(分量外)をひき、鶏肉を中火強で肉全体に香ばしい焼き色がつくまで焼き付ける。余分な油をペーパータオルで拭き取る。
3.Aを合わせて2に加える。煮汁がとろりとするまで鶏肉に煮からめ、黒胡椒を挽く。
4.かぶは茎を少し残して切り落とし、皮のまま4等分のくし形切りにする。菜の花は水に浸してパリッとさせてから半分に切る。
5.フライパンにオリーブオイル大さじ1を入れて、まずかぶを入れて香ばしい焼き色がつくまで転がしながら焼き、塩・胡椒をして一度取り出す。
6.さっとフライパンを拭いてオリーブオイル大さじ1を入れ、菜の花を入れてあまり触らないようにして両面焼く。香ばしい焼き色がついたらバルサミコ酢、塩・胡椒を振りかける。
7.ハニーマスタードチキンと、かぶ、菜の花のグリルを皿に盛り合わせる。

○ ホームパーティにぴったりの洋風弁当

手でつまめて見た目も華やかなサンドイッチがメイン。
ハニーマスタード風味の骨付きチキンやアクセントのピクルスを添えて、ワインやカクテルに合う洋風弁当に。

Point

チキンは香ばしく
焼き付けてから
煮込むと、
こっくりつややかな
仕上がりに。

Point
硬いバゲットよりも、
柔らかい食感の
ソフトなフランスパン
がおすすめ。
切り込みを入れて
たっぷりの具材を
挟む方法は、
食パンよりクイック&
イージー。

② バゲットサンド

材料　※3～4人分

ソフトバゲット
1本(小さなものなら2本)

A
- スモークサーモン　4枚
- 紫玉ねぎ　1/8個
- アボカド　1個
- レモン汁　大さじ1
- 塩　小さじ1/2
- 胡椒　少々
- サワークリーム　適量
- イタリアンパセリ　適量

B
- ゆで卵　3個
- マヨネーズ　大さじ3
- 練乳　大さじ1/2
- 塩　少々
- きゅうり　1/2本
- バター　適量
- からし　適量

C
- トマト　1個
- モッツァレラチーズ　1個
- 生ハム　2枚
- バジル　適量
- 塩　少々
- バター　適量

作り方

1.ソフトバゲットは3cm幅に切り、間に切れ目を入れる。
2.〈A〉アボカドは皮と種を取り除き、ボウルに入れて潰し、レモン汁と塩・胡椒を加えて混ぜる。紫玉ねぎは薄切りにして水にさらし、水気を拭く。バゲットの切れ目にサワークリームを塗り、アボカドペースト、サーモン、紫玉ねぎを挟む。イタリアンパセリを飾る。
3.〈B〉ゆで卵は殻をむいてフォークで粗めに潰し、マヨネーズ、練乳、塩を加えて味を調える。バゲットにバターとからしを塗り、卵ペーストと薄切りにしたきゅうりを挟む。
4.〈C〉トマトとモッツァレラチーズは1cmの厚さに切り、それぞれに塩を軽く振る。トマトは水気が出たらペーパータオルで軽く押さえて水気を拭く。バゲットにバターを軽く塗り、トマト、モッツァレラチーズ、生ハム、バジルを挟む。

③ カリフラワーのピクルス

材料　※作りやすい分量

カリフラワー　1/2株
赤唐辛子　1/2本
(種を取って輪切りにする)
ローリエ　1枚
ピンクペッパー　適量

A
- 米酢　150mℓ
- 水　200mℓ
- 砂糖　大さじ5
- 塩　小さじ2

作り方

1.カリフラワーは小房に分け、2分ほど茹でる。小鍋にAを入れて沸かし、砂糖と塩を溶かす。
2.耐熱容器にすべての材料を入れ、Aを熱いうちに注いでラップをして冷ます。一晩以上置くと美味しく仕上がる。

Point
カリッと歯応えのよい
カリフラワーの
ピクルスは箸休めに
ぴったり。
ピンクペッパーを
散らすと華やかに。
作り置きができるのも
うれしい。

バゲットサンド
ハニーマスタード
チキン
カリフラワーの
ピクルス

○シュークルートで現地のビストロ気分

ドイツとスイスに国境を接したフランス北東部にあるアルザス地方の名物メニュー、
シュークルートは甘みが増したキャベツをたっぷりいただける簡単ヘルシーな煮込み料理。
テーブルも山のビストロ風にちょっと可愛くセッティングして、ほっこり温かみのある時間を演出。

① シュークルートと塩豚の煮込み

材料　※4人分

豚バラ肉ブロック　500g
塩　小さじ1
砂糖　小さじ1
ソーセージ　8本
キャベツ　1個
玉ねぎ　1個
じゃがいも　2個
にんにく(薄切り)　1かけ
オリーブオイル　大さじ2
白ワイン　100㎖
ローリエ　2枚
白ワインビネガー　大さじ1
黒胡椒　少々
パセリ　適量
粒マスタード　適量

作り方

1.豚バラ肉に塩と砂糖をすり込んで、2時間以上冷蔵庫で休ませて塩豚を作る。
2.キャベツは4㎜幅にスライスして塩大さじ1(分量外)をまぶしてしばらく置き、出た水気をしっかり絞る。玉ねぎは薄切りにする。じゃがいもは皮をむいて半分に切り、さっと水にさらす。
3.鍋にオリーブオイルを熱し、4㎝程度に切った豚肉を入れて表面に香ばしい焼き色をつけて一度取り出す。同じ鍋で玉ねぎとにんにくを炒めて、香りが出てしんなりしたらキャベツとローリエ、黒胡椒の粒を入れて白ワインを加え、沸騰したら、じゃがいもと豚肉を戻し入れて蓋をして柔らかくなるまで20〜30分煮込む。豚肉が柔らかくなったらソーセージと白ワインビネガーを加えて10分煮て塩・胡椒(分量外)で味を調える。器に盛り付けてパセリを振り、マスタードを添える。

Point

シュークルートとは煮込み料理を指すこともありますが、フランスのアルザス地方で食べられる肉や魚に添えられた発酵キャベツのこと。今回は、酢と粒マスタードで簡単に。

シュークルートと
塩豚の煮込み
クレソンと
りんごのサラダ
タルトフランベ風
トースト

Point
アクセントに散らした
ブルーチーズの塩気に
ハチミツ入り
ドレッシングで
甘じょっぱく。

② クレソンとりんごのサラダ

材料　※作りやすい分量

クレソン　2束
りんご　1個
アンディーブ　1個
レモン汁　適量
ブルーチーズ　大さじ2
くるみ　大さじ2

※ドレッシング
マスタード　大さじ1
白ワインビネガー　大さじ1
ハチミツ　大さじ1
オリーブオイル　大さじ2
塩　小さじ1/2
胡椒　少々

作り方

1.クレソンは洗ってざく切りにする。りんごは皮付きのまま8等分のくし形切りにして芯を取り、5㎜の厚さに切り、レモン汁を振りかけておく。アンディーブは2㎝幅に切り、水にさらしてから水気をしっかり切る。くるみはフライパンで空煎りしてから粗く刻む。
2.ドレッシングの材料を合わせてよく混ぜる。
3.ボウルにくるみ以外の1を入れて、ドレッシングをかけてフワッと和え、器に盛り付け、最後にちぎったブルーチーズとくるみを散らす。

③ タルトフランベ風トースト

材料　※2人分

カンパーニュ(薄切り)　8枚
●ベーコン
サワークリーム　100g
ベーコン　3枚
玉ねぎ　1/2個
塩・胡椒　各少々

●ツナ
サワークリーム　100g
ツナ　大さじ4
紫玉ねぎ　1/4個
塩・胡椒　各少々

Point
焦げた玉ねぎが
甘くて美味しいので、
あらかじめフライパンで
玉ねぎとベーコンを
焼き付けてから
パンにのせて焼きます。

作り方

1.〈ベーコン〉も〈ツナ〉も、薄切りにしたカンパーニュにサワークリームを塗る。
2.〈ベーコン〉ベーコンは1㎝幅に切る。玉ねぎは縦薄切りにする。フライパンにベーコンと玉ねぎを広げ、あまり触らないようにして玉ねぎがしんなりして端に香ばしい焼き色がつくまで加熱し、塩・胡椒する。〈ツナ〉縦薄切りにした紫玉ねぎと油を切ったツナを1のパンにのせ、塩・胡椒をする。
3.〈ベーコン〉2の粗熱が取れたら、1のパンにのせてオーブントースターでベーコンがチリチリと香ばしく色づくまで焼く。〈ツナ〉2をオーブントースターで紫玉ねぎがしんなりしてサワークリームがとろけるまで焼く。

◦イカ墨パエリアを主役にスペイン気分

ワインやサングリアを片手に小さなタパスをいろいろつまみ、パエリアでシメるスペインバル風メニュー。
素材にひと工夫するだけで美味しい簡単タパスをいくつか用意しておき、主役は旨味たっぷりのイカ墨パエリアを。

① イカ墨パエリア

材料　※2人分

生米　2合
鶏もも肉(皮なし)　100g
イカ(刺身用)　1パック
あさり　150g
玉ねぎ　1/2個
にんにく　1かけ
パプリカ　1/2個
黒オリーブの実　6個
ミニトマト　4個
コンソメ顆粒　小さじ1
水　360㎖
オリーブオイル　大さじ1
イカ墨パスタソース
(レトルト)　1袋
パセリ　適量
レモン　適量

作り方

1.鶏肉は1.5㎝角に切る。玉ねぎとにんにくはみじん切りにする。ミニトマトは半分に切る。パプリカは種を取って1.5㎝の細切りにする。イカは食べやすく切る。あさりは砂出しする。湯を沸かしてコンソメ顆粒を溶かす。
2.フライパンにオリーブオイルとにんにくを入れて中火にかけ、いい香りがしたら玉ねぎと鶏肉を加えて炒める。塩・胡椒(分量外)各少々を振る。
3.米を洗わずそのままフライパンに加え、米が半透明になるまで中火で炒める。コンソメスープとパスタソースを加えて軽く混ぜ合わせて強火で沸騰させる。イカ、あさり、パプリカ、オリーブの実、ミニトマトをのせて蓋をし、弱火で15分ほど加熱する。
4.蓋を取り、水分がなくなっていたら20秒ほど強火にする。再び蓋をして火を消し5分ほど蒸らす。みじん切りにしたパセリを振り、レモンを添える。

Point
見た目華やかで
具材たっぷりの
イメージがありますが、
本来は具より旨味が
染み込んだ米を食べる
料理。具材も米と
なじむように
小さめに切る方が
食べやすい。

② タコとトマトのサラダ

材料　※2人分

タコ　1本（200g）
トマト　大1個
黒オリーブの実　6個
紫玉ねぎ　1/4個
にんにく（みじん切り）　小さじ1
パプリカ　1/2個
パセリ（みじん切り）　大さじ1

A
- 白ワインビネガー　大さじ1
- レモン汁　小さじ2
- オリーブオイル　大さじ2
- 塩　小さじ1/2
- 胡椒　少々

Point
レモンとビネガーの
ダブル使いで、
さっぱり爽やかな
味わいに仕上げます。

作り方

1.タコは1cm幅に切る。トマトは1.5cm角に切る。紫玉ねぎ、パプリカはみじん切りにする。
2.ボウルにAを合わせ、にんにくと紫玉ねぎ、タコ、黒オリーブの実を入れて和えて、冷蔵庫で冷やす。
3.よく冷えて味が染み込んだら、トマトとパプリカ、パセリを加えて混ぜ、塩・胡椒（分量外）で味を調える。

Point
マッシュルームの
軸も刻み、香味野菜と
一緒に詰めて。
生ハムはおつまみ用に
開けた端っこを
拝借しても。なければ
ベーコンでもOK。

③ セゴビア風マッシュルーム

材料　※2人分

マッシュルーム　8個
生ハム　30g
にんにく（みじん切り）　小さじ2
パセリ（みじん切り）　大さじ1
塩・胡椒　各少々
オリーブオイル　大さじ3

作り方

1.マッシュルームは石づきを切り、軸はみじん切りにする。生ハムはみじん切りにする。
2.小さなボウルにみじん切りにしたマッシュルーム、生ハム、にんにく、パセリ、オリーブオイル大さじ1を入れて、塩・胡椒を加えて混ぜる。
3.2をマッシュルームに詰める。耐熱容器に並べ、オリーブオイル大さじ2を回しかけて200℃のオーブンで10分ほど加熱する。オーブンがなければ直火でじっくり焼いてもよい。パンを添えて食べても◎。

セゴビア風
マッシュルーム
イカ墨
パエリア
タコとトマトの
サラダ

○ 唐揚げとポテサラ、きゅうりで居酒屋風

みんな大好きな、揚げたてのジューシーな唐揚げ。旨味の強い鶏もも肉ににんにくと生姜をまとわせ、カリッとふわっと。
合わせるのは、鶏南蛮をイメージしたタルタルソース風味のポテサラと、さっぱり美味しいカリカリきゅうり。レモンサワーがよく合います。

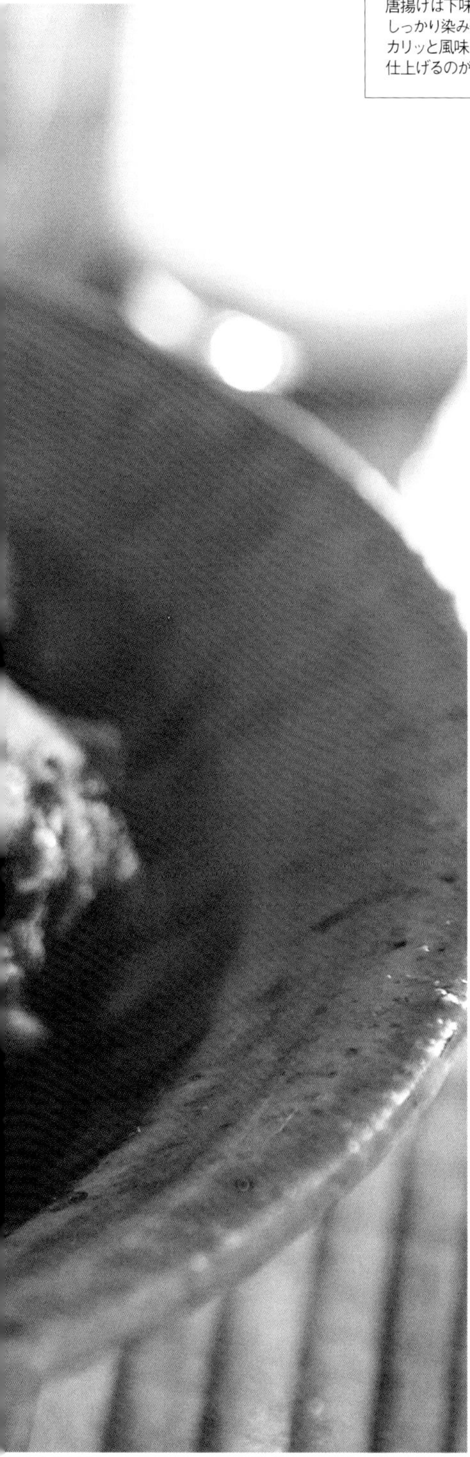

Point

唐揚げは下味を
しっかり染み込ませ、
カリッと風味よく
仕上げるのがコツ。

① 鶏ももの唐揚げ

材料　※2人分

鶏もも肉　400〜500g
サラダ油　適量
ししとう　1/2パック
お好みの柑橘　適宜

〈下味〉

A
- おろしにんにく　小さじ1/2
- おろし生姜　小さじ1/2
- 砂糖　小さじ1
- 醤油　大さじ1
- 酒　大さじ1
- 塩　小さじ1/2
- ごま油　小さじ2
- 胡椒　少々
- 卵　1/2個分
- 片栗粉　大さじ3

作り方

1、鶏肉は4㎝角に切り、余分な脂身を取り除き、下味Aを揉み込み、30分〜1時間置いておく。ししとうは揚げたとき破裂しないよう、包丁で2〜3カ所穴を開けておく。
2、フライパンにサラダ油を入れて170℃に熱し、まずししとうをさっと揚げる(入れた直後に引き上げるくらいのイメージ)。揚げたら軽く塩(分量外)を振る。続いて鶏肉を中火で5〜6分揚げる。中まで火が通ったら、強火にして1〜2分揚げる。
3、器に唐揚げ、ししとう、レモンやすだちなどお好みの柑橘を盛り合わせて完成。

② タルタルポテサラ

Point

酸っぱ&まろやかな
ピクルスとゆで卵で
タルタル風な
ポテサラに。

材料 ※2人分

じゃがいも 2個
玉ねぎ 1/4個
ピクルス(4cmのもの) 2本
パセリ(みじん切り) 大さじ1〜2
マヨネーズ 60g
牛乳 大さじ1と1/2
塩・胡椒 各少々
卵 2個
サラダ菜 4〜5枚

作り方

1.じゃがいもは串がすっと通るまで蒸すか茹でる。電子レンジなら皮ごと洗って水がついたままラップでひとつずつ包み、500Wで6分かける。卵は沸騰した湯に入れて7分茹で、水に取り、殻をむく。
2.玉ねぎは横半分に切ってから薄切りにして軽く塩(分量外)を振り、出た水気をペーパータオルで包んで絞る。ピクルスは粗みじん切りにする。
3.じゃがいもは熱いうちに皮をむき、ボウルに入れて潰し、2を加え、マヨネーズと牛乳を加えて混ぜ、塩・胡椒で味を調える。器にサラダ菜を敷いてポテトサラダを盛り付け、くし形に切ったゆで卵をのせ、パセリを振る。

Point

ひんやり冷たい
食感が揚げ物に合う!
皮をむくことで
食感よく、塩麹で
味わい深く。

③ きゅうりのカリカリ

材料 ※2人分

きゅうり 2本
にんにく(みじん切り) 小さじ1/4
ごま油 大さじ1
塩麹 小さじ1

作り方

1、きゅうりはピーラーで皮をむいてひと口大の乱切りにする。
2、ボウルに1とにんにく、ごま油、塩麹を入れてさっと混ぜ合わせて味をなじませる。

タルタルポテサラ

Otsumami Column ①

酒器について

いつの頃からか酒器を集めるようになりました。作家さんの個展に行ったときなどに気に入ったものをひとつずつ。それぞれに個性があるのでコレクションするのが楽しいのです。人が集まったときなど、お盆やかごにいくつか入れて好きなものを選んでもらいます。喜ばれるし、そこから会話が広がったりすることも。お酒を入れるだけでなく、食器としても楽しめるのがお猪口やぐい呑みのいいところ。珍味や、ちょっとだけ残ったお惣菜などを盛り付けるとそれだけで気の利いたおつまみに見えてしまうから不思議です。お猪口選びはあまり小さなものではなく、手のひらにちょうど収まるくらいのサイズが使い勝手がいい。素材は磁器でも陶器でもガラスでも。いくつか取り合わせて、小さなお盆にのせて供するのも素敵です。

間口広めで、少し大きめのものが使いやすいと思います。こんもりと盛り付ければ、たとえ買ってきたものだって見栄えがよくなるし、洗うのも簡単。これらはすべて東京・水道橋にある大好きなうつわ屋さん「千鳥」で購入しました。A、C、D、F、Gは余宮 隆さん、Bは新道工房、Eは松浦コータロー・ナオコさんのもの。

○ ごまポン酢だれで食べるぬるしゃぶ

冷しゃぶならぬ〝ぬるしゃぶ〟は、ほんのり温かな豚しゃぶ肉が美味しい一品。コク&さっぱりのごまポン酢だれがよく合います。暑さで疲れた体を、お肉と野菜がたっぷり取れるヘルシーメニューとビールで労って。

Summer Otsumami

さっぱり、酸っぱい、ピリ辛…
夏ならではの
味付けで乾杯

夏

日差しがジリジリ、汗ばむような季節は
シュワシュワッと喉を潤す、よく冷えたビールや泡ものが
何よりうれしいもの。そんなお酒に合うのは
パンチがあったりスパイシーなエスニックなど
ちょっと濃いめの味付けが食欲をそそります。
なす、トマト、きゅうり、パプリカなど
色鮮やかな夏野菜もたっぷり使ってヘルシーに。
食欲が落ちたときには、さっぱり食べられる和食もいい。
夕暮れ時、グラスを片手にアペロタイムを楽しんで。

①ぬるしゃぶ

Point

豚肉はぐらぐら
煮立ない湯にくぐらせ、
常温の水に取れば
しっとり。
合わせる野菜は
生と焼きの両方を
取り合わせると
満足度アップ。

材料　※2人分

豚バラしゃぶしゃぶ肉
150g
サニーレタス　2枚
きゅうり　1本
なす　2個
紫玉ねぎ　1/8個
かいわれ　1/2パック

※薬味
小ねぎ　1/2束
生姜　10cm
みょうが　3個

※たれ
ごまだれ　適量
ポン酢　適量

作り方

1.レタスはひと口大にちぎる。きゅうりは薄切りにして、塩小さじ1/4(分量外)を振ってなじませ、しばらく置いて出た水気を絞る。なすはひと口大に切りごま油(分量外)でさっと焼いて塩(分量外)を振る。紫玉ねぎは薄切りにして水にさらし、水気を切る。かいわれは根を切る。

2.薬味を作る。小ねぎは小口切りに、生姜は皮をむいてみじん切りに、みょうがは縦4等分にしてから2〜3mm幅に切る。すべてをボウルに入れ、水を注いでさっと浸して、ザルに上げ、水気を切る。

3.鍋に湯を沸騰させ火を止めてから、豚肉を1枚ずつ入れてさっと茹でて、ボウルに張った常温の水に取ってからペーパータオルに上げておく。

4.1の野菜と2の薬味、3の豚肉をお皿に盛り、たれを添える。たれはごまだれとポン酢を好みの割合で合わせる。

② イカ明太子 青唐辛子添え

Point

刻んだ青唐辛子と
にんにくで、
ピリッと爽やかな
アクセントを。

材料　※2人分

イカの刺身　2パック
辛子明太子　1腹
おろしにんにく　少々
醬油　小さじ 1/2
ごま油　小さじ 2
青唐辛子　1/2本

作り方

1.いかの刺身は8㎜幅に切る。細切りならそのままでOK。青唐辛子は縦に切り、種を取って2〜3㎜幅に切る。とても辛いのでビニール手袋をするとよい。
2.明太子は薄皮からしごき出し、ボウルに入れ、おろしにんにく、醬油、ごま油を加えて混ぜ、1の刺身を入れて和える。器に盛り1の青唐辛子を散らす。

SUMMER

③ お揚げのチーズ焼き

Point

ぬるしゃぶの副菜は
味や食感にメリハリを
つけるものが相性よし。
カリカリッとした
食感とチ　ズの風味が
後を引きます。

材料　※2人分

油揚げ　2枚
ピザ用チーズ　大さじ 4〜 5
塩　少々
チリパウダー　適量

作り方

1.油揚げは1.5㎝幅に切る。
2.フライパンに油をひかず、そのまま油揚げを入れて火をつけ、中火で両面を香ばしく空煎りし、塩を振り、ピザ用チーズをまんべんなくのせて、そのまま焼く。
3.チーズがしっかり溶けたら、裏返してカリカリになるまで焼き、器に取り出し、適当な大きさに割り、チリパウダーを振る。お好みで、一味唐辛子や黒胡椒を振っても。

① チリコンカルネ

材料　※作りやすい分量

合挽き肉　300g
ベーコン　3枚
オリーブオイル　小さじ2
玉ねぎ(粗みじん切り)　1個分
にんにく(みじん切り)　1かけ分
キドニービーンズの水煮缶　400g
トマトの水煮缶　400g
塩　適量

A
トマトケチャップ　大さじ3
ウスターソース　大さじ2
チリパウダー　大さじ1
クミンシード　小さじ1
シナモン　小さじ1
顆粒コンソメ　小さじ2
ローリエ　1枚
塩　小さじ1

トルティーヤ　適量
サワークリーム　適量
パクチー　適宜

作り方

1.キドニービーンズはザルに上げてさっと水洗いして水気を切る。
2.鍋にオリーブオイルを入れて熱し、にんにくと2㎜幅に細切りにしたベーコンを入れ、にんにくの香りが出るまで炒める。合挽き肉を加えて中火で肉の色が変わるまで炒めたら、玉ねぎとキドニービーンズ、トマトの水煮缶を汁ごと入れ、Aを加えて時々混ぜながら15分ほど煮る。味見をして塩で味を調える。器に盛り付けて、トルティーヤやサワークリーム、お好みでパクチーなどを添える。

○野菜たっぷりメキシカン

香ばしいトルティーヤに挽き肉と豆のチリコンカルネ、ワカモーレやサルサ、チーズ、サワークリームなど
好みの具材を自由に挟んで各々楽しむメキシカン。
具材さえ用意しておけばあとは簡単です。ピリッと辛くて爽やかなおつまみは、テキーラベースのカクテルを片手に。

SUMMER

Point

トルティーヤは
とうもろこしベースと
フラワー（小麦）
ベースがありますが、
柔らかくて食べやすい
フラワータイプが
おすすめ。

チリコンカルネ
サルサソース
帆立の
セビーチェ
ワカモーレ

Point

サルサソースは
ライムを使うのが
メキシカン独特の
風味を出すコツ。
夏らしい酸味が
食欲をアップさせます。

② サルサソース

材料　※2人分

トマト　2個(150g)
紫玉ねぎ　1/4個(100g)
青ピーマン　1個
青唐辛子　1本
にんにく　少々
パクチー　2本
ライム搾り汁　大さじ1
塩　小さじ1

作り方

すべてみじん切りにして混ぜる。

③ ワカモーレ

材料　※2人分

アボカド　1個
レモン汁　小さじ1
サルサソース　大さじ4
塩　少々

作り方

1 .アボカドは半分に切り、種と皮を取り除いて滑らかになるまでフォークなどで潰す。レモン汁を混ぜる。
2.上のサルサソースを混ぜて、塩で味を調える。

④ 帆立のセビーチェ

材料　※2人分

帆立　4個
ミニトマト　5個
キウイ　1個
紫玉ねぎ　1/4個
パクチー　2本

A
ライム搾り汁　小さじ2
レモン汁　大さじ1
ハラペーニョソース
小さじ2～大さじ1
オリーブオイル　小さじ2
にんにく(みじん切り)　少々
塩　小さじ1/2

Point

同じ中南米の
ペルー料理ですが
メキシカンにも
よく合います。
キウイの甘酸っぱさが
爽やかさを盛り上げる!

作り方

1.帆立は薄切りにする。キウイは皮をむき5㎜の薄切りにする。紫玉ねぎは繊維を断つように薄切りにし、水に5分ほどさらして水気を切る。ミニトマトは半分に切る。パクチーは食べやすい大きさに切る。
2.ボウルにAを合わせ、帆立を入れて表面が白くなるまで浸す。
3.キウイ、ミニトマト、紫玉ねぎ、パクチーを加えて混ぜて器に盛る。

◦ポッサムが主役の韓国風おつまみ

焼き肉のイメージが強い韓国料理ですが、実は野菜たっぷりメニューがたくさん。
なかでもポッサムは、茹でて脂分を落とした豚肉を葉もの野菜で包んでいただくので
むしろ野菜料理と言ってもいいくらい。チヂミより小麦粉控えめのジョンに、
キムチ＆納豆というダブル発酵食をのせた冷奴…と、お腹いっぱい食べても安心なラインナップ。

① ポッサム

材料　※作りやすい分量

豚バラブロック肉
400〜500g

A
- 水　1ℓ
- にんにく　1かけ
- しょうが　1かけ
- 長ねぎ(青い部分)
1本分
- 味噌　大さじ2
- 醤油　大さじ1
- 酒　大さじ2
- 塩　小さじ1

サニーレタス
サンチュ
きゅうり
えごま
長ねぎ
小ねぎ
キムチなど
…各適量

※つけだれ
コチジャン
大さじ2
味噌　大さじ1
砂糖　大さじ1
酢　大さじ1
ごま油　小さじ1
おろしにんにく
小さじ1
おろし生姜
小さじ1
炒りごま　小さじ1

作り方

1.鍋にブロックのままの豚肉とAを入れて火にかける。沸騰したら弱火にして、アクを取りながら、豚肉が柔らかくなるまで50分ほど煮込む。
2.火を止め、手が入れられるくらいの温度になるまでそのまま煮汁に浸けておく。冷めたら豚肉を取り出し1cm幅に切る。
3.葉野菜は洗い、長ねぎは斜め薄切りにしてさっと水にさらす。小ねぎは5cmの長さに切る。きゅうりは5cm長さで、4等分の棒状に切る。
4.器に豚肉と野菜、キムチを盛り、つけだれの材料を合わせて添える。

Point

茹で上がった後、
冷めるまで煮汁に
浸しておくことで、
ひと口大に
スライスしても
しっとりした食感に
仕上がります。

② 帆立とズッキーニのジョン

材料　※2人分

帆立　4個
ズッキーニ　1本
薄力粉　適量
卵　1個
ごま油　大さじ2〜3
糸唐辛子　適量

A
おろしにんにく　少々
みりん　小さじ1
醤油　小さじ1
ごま油　小さじ1/2

※つけだれ
コチジャン
大さじ1
酢　大さじ1
醤油　大さじ1
おろしにんにく
少々
炒りごま
小さじ1

Point
焦げないように
気をつけながら
ごま油で香ばしく
揚げ焼き。おなじみの
チヂミより気軽に
作れて、脂っこく
ないのがうれしい。

作り方

1.帆立は大きければ厚さを半分に切る。ボウルに入れてAで下味をつける。ズッキーニは8㎜の厚さの輪切りにして軽く塩(分量外)を振り、しばらく置き出た水気を拭く。
2.フライパンにごま油大さじ2を熱し、1に薄力粉をはたき、溶き卵にくぐらせた帆立とズッキーニを並べる。弱火にして3〜4分、途中で足りなければごま油を少しずつ足しながら両面を揚げ焼きにする。
3.器に並べ、糸唐辛子を散らし、合わせたつけだれを添える。

③ 納豆キムチやっこ

材料　※2人分

絹ごし豆腐(小さいもの)　2丁
納豆　1パック
白菜キムチ　50g
小ねぎ(小口切り)　大さじ2
炒りごま　適量

A
砂糖　小さじ1
醤油　小さじ1
ごま油　小さじ1

Point
キムチは
ざく切りにして
納豆となじませると
食べやすい。
隠し味の砂糖と
ごま油で味に
深みが出ます。

作り方

1.キムチは軽く汁気を切り、ざく切りにする。
2.ボウルに納豆を入れ、Aを加えてよく混ぜ、キムチを加えてさらに混ぜる。
3.器に豆腐を盛り、2をのせ、小ねぎを散らし、炒りごまを振る。

帆立とズッキーニのジョン

ポッサム

納豆キムチやっこ

◦ハワイ旅行気分のおつまみ

どこかゆるっとした雰囲気のハワイの料理は夏の休日にぴったり。
ガーリックシュリンプにマカロニサラダを組合せたプレートランチ的なメニューは、
おつまみ感もありつつ食べ応え満点。おなじみマグロのポケやあっさり牛すね肉のスープ煮も添えて。

① ガーリックシュリンプ

材料 ※2人分

海老　10〜12尾

A
- おろしにんにく　1かけ分
- おろし生姜　1かけ分
- ココナッツミルク　100g
- 酒　大さじ1
- 塩　小さじ1/2強
- 胡椒　少々

バター　大さじ2(30g)
サラダ油　適量
にんにく　1かけ
生姜　1かけ
パセリ(みじん切り)　適量
レモン　適量

作り方

1.海老は塩(分量外)をまぶして洗い、水気を拭いて背中側に包丁を入れて背ワタを取る。
2.ボウルにAを入れて混ぜ合わせ、1を加えて和え冷蔵庫で1〜2時間、味をなじませる。
3.フライパンにサラダ油を1cmの深さになるように入れ、軽く水気を拭いた2の海老を揚げ焼きにする。
4.別のフライパンにバターを溶かし、みじん切りにしたにんにくと生姜を炒め、3を加えて炒め合わせ、パセリを振る。器に盛り、レモンを添える。

② マカロニサラダ

材料 ※2人分

マカロニ　100g
玉ねぎ　1/4個
マヨネーズ
大さじ4
練乳　大さじ1
牛乳　大さじ1〜2
塩　少々
胡椒　少々

作り方

1.鍋に湯を沸かし、塩大さじ1〜2(分量外)を加え、マカロニを袋の表示時間通り茹でザルに上げて流水でよく洗う。
2.玉ねぎを粗みじん切りにして水に5分ほどさらし、しっかり水気を絞る。
3.ボウルにマヨネーズと練乳、牛乳を入れて混ぜ合わせてから、1と2を入れて和え、塩・胡椒で味を調える。

Point
海老はココナッツミルクで下味をつけて、殻ごと揚げ焼きにしてからガーリックバターをからめるので香ばしく中までふっくら。マカロニのマヨネーズは「ベストフーズ」のものを使えばあっという間に現地の味に。

ガーリックシュリンプ
マカロニサラダ
牛すね肉の
スープ煮
アボカド入りアヒポケ

③ アボカド入り アヒポケ

材料　※2人分

マグロの刺身(赤身・サク)
160～170g
アボカド　1個
かいわれ　1/2パック

※たれ
醤油　大さじ2
だし醤油　大さじ1
ごま油　大さじ1
わさび　小さじ1
塩　少々
胡椒　少々

Point
マグロとアボカドはサイズ感を合わせた角切りが◎。醤油とわさび、ごま油のちょっと濃いめの味付けでビールが進みます。

作り方

1.アボカドは皮と種を取り除き、2㎝角に切る。マグロは1.5㎝角に切る。
2.ボウルにたれの材料を入れて混ぜ合わせ、1を加えてざっくりと和える。
3.器に盛り、かいわれを添える。

Point
ロコが大好きなオックステールスープは、手間を省いて簡単に、じっくり煮るだけでできる牛すね肉で。しっとり柔らかなすね肉は生姜醤油で食べて、スープはシメのご飯にかければ2度楽しめます。

④ 牛すね肉の スープ煮

材料　※作りやすい分量

牛すね肉　600g
長ねぎ(青い部分)　1本分
生姜(薄切り)　1かけ分
にんにく　1かけ
水　1.5ℓ
酒　大さじ1
塩　小さじ1
胡椒　少々
クレソン　2束
パクチー　適量

作り方

1.大きめの鍋に牛すね肉、水、長ねぎ、生姜、にんにくを入れて火にかけ、沸騰したら弱火にして肉が柔らかくなるまで2時間ほど煮込む。途中出たアクを取り除く。煮詰まってきたら水を足す。
2.肉が柔らかくなったら、香味野菜を取り除く。
3.別の鍋に牛すね肉のスープを入れ酒と塩・胡椒で味を調える。でき上がる直前にクレソンを入れる。器に盛り、刻んだパクチーを散らす。肉は生姜醤油をつけて食べてもOK。

○辛くて甘酸っぱい、タイ風おつまみ

ハーブや野菜もたっぷり摂れるタイ料理。味付けはタイの魚醤･ナンプラーに青唐辛子、レモンが中心。
スイートチリソースなどの独特の調味料はスーパーで手に入るから、簡単に本格的な味を楽しむことができます。

① ヤムヌア（牛ステーキ肉のサラダ）

材料　※2人分

ステーキ用牛もも肉　1枚（150g）
きゅうり　1本
セロリ　1/2本（茎と葉も）
紫玉ねぎ　1/4個
ミニトマト　6個

A
ナンプラー　大さじ2
レモン汁　大さじ2
砂糖　小さじ2
にんにく（みじん切り）　1/2かけ分
青唐辛子　1本

パクチー　適量
グリーンリーフ　適量

作り方

1.室温に戻した牛肉に塩（分量外）を振る。フライパンにサラダ油（分量外）を熱し、肉を入れ、中火で表面に香ばしい焼き色がつくまで1分30秒焼き、裏返して1分30秒焼く。取り出してアルミホイルで包む。10分ほど置いてから食べやすい大きさに削ぎ切りにする。
2.きゅうりは縦半分に切ってから種をスプーンでかき出し、斜め薄切りにする。セロリの茎は斜め切りにし、葉はざく切りにする。紫玉ねぎは縦薄切りにしてさっと水にさらしてから水気を切る。ミニトマトはヘタを取って半分に切る。
3.Aの青唐辛子は縦半分に切り、種をこそげ出して2㎜幅に刻む。Aの残りの材料とボウルに合わせる。
4.3に1の牛肉と2の野菜類を入れてざっくりと混ぜ合わせる。
5.器にグリーンリーフを敷き、4を盛り付けてパクチーを飾る。

Point
ドレッシングはレモン汁をベースにナンプラーと砂糖、にんにくに青唐辛子を思い切り使ってしっかり辛く仕上げるのがコツ。

② 揚げ海老パン

Point
叩いた海老に
豚ひき肉を混ぜて
旨味とコクをプラス。
ビールによく合います。

材料　※2人分

食パン（サンドイッチ用）4枚
むき海老　150g
豚ひき肉　50g
にんにく（みじん切り）　小さじ1
玉ねぎ（みじん切り）　大さじ1
パクチー　3本
片栗粉　大さじ1
塩　小さじ1/2
胡椒　少々
卵　1個
揚げ油　適量

※つけだれ
スイートチリソース　大さじ2
水　小さじ2

作り方

1.むき海老は細かく刻み、粗いペースト状になるまで叩く。パクチーの葉を摘み、茎はみじん切りにする。
2.ボウルに1の海老とパクチーの茎、豚ひき肉、にんにく、玉ねぎ、片栗粉、塩・胡椒を入れよく混ぜる。もしくはすべての材料をフードプロセッサーにかけてもよい。
3.食パンは耳を落として、4等分に切る。
4.食パンに2のペーストを大さじ1ほど、中央が少し高くなるように塗り、パクチーの葉をのせる。
5.4のペーストを塗った面を溶き卵にさっと浸す。160〜170℃に熱した揚げ油（パンの厚さくらいの量をひけばよい）にペースト面を下にして入れ、途中で裏返して両面がきつね色になるまで揚げる。器に盛り、合わせたつけだれを添える。

Point
独特の酸味のある
調味料タマリンドを
梅干しで代用。
甘酸っぱく爽やかに
仕上がります。
最後に加える
シャキッとした
生のもやしと刻んだ
ピーナッツが
香ばしい食感に。

③ パッタイ

材料　※2人分

米麺（中細麺のセンレックがおすすめ）70g
海老　6尾
ニラ　1/2束
もやし　1袋
たくあん　20g
厚揚げ　1/2丁
卵　2個
ピーナッツ　大さじ4
桜海老　大さじ2

A
ナンプラー　大さじ1と1/2
ハチミツ梅干し　1粒
砂糖　大さじ2
酢　大さじ1
サラダ油　大さじ3

粗びき唐辛子　少々
レモン　適宜

作り方

1.米麺はぬるま湯に30〜40分浸けて戻す。海老は殻をむき、背に切れ目を入れて背ワタを取る。ニラは3cm長さに切る。もやしは水に浸してからザルに上げて水気を切る。たくあんは粗みじん切りにする。厚揚げは1.5cm角に切る。ピーナッツは粗く刻む。ニラともやしを飾り用に少しずつ取り分けておく。
2.Aの梅干しを叩き、Aの残りの材料と合わせる。
3.フライパンにサラダ油（分量外）を熱し、厚揚げ、たくあんを炒める。卵を割り入れて大きく混ぜて、海老も加えて色が変わるまで炒める。
4.米麺を加えて炒め合わせ、2を加えて弱火にし、からめるように炒める。ピーナッツ、桜海老、もやし、ニラを加えて強火にし、手早く混ぜる。
5.器に盛り、仕上げ用のニラともやしを散らし、粗びき唐辛子を添える。好みでレモンを搾る。

揚げ海老パン
ヤムヌア
パッタイ

○ たまにはジャンクに！　アメリカンダイナー風

ふわふわのバンズに、肉肉しいビーフパティとチーズや野菜を挟んだグルメバーガーは休日のお昼にぴったり。
前菜にはレタスサラダとアンチョビバター風味のハッセルバックポテトを。
お酒はコーラとウイスキーの定番カクテル「ジャックコーク」で、アメリカンダイナー気分を満喫。

① チーズバーガー

材料　※2人分

牛肉赤身のひき肉　300g
塩　小さじ1
黒胡椒　少々
ハンバーガーバンズ　2個
レタス　2枚
玉ねぎの輪切り　2枚
トマトの輪切り　4枚
チェダーチーズ(スライス)　2枚
ケチャップ、マヨネーズ、マスタード　各適量

作り方

1.ボウルにひき肉と塩を入れてゴムベラなどでこねる。1個150gに分けてパティを丸く成形し、冷蔵庫で30分以上冷やす。
2.1に黒胡椒を振り、熱したフライパンで香ばしい焼き色がつくまで両面焼く。片面を焼いて裏返したらチェダーチーズをのせ、とろけるまで焼く。
3.ハンバーガーバンズを2つに切り、フライパンで切り口がきつね色になるまで焼く。
4.ケチャップとマヨネーズを混ぜたものとマスタードを、焼いたバンズに塗る。
5.下から、レタス、ビーフパティ、玉ねぎ、トマトの順にのせ、バンズで挟む。

Point

バランスよく
仕上げるコツは、
具材の厚みを揃えて
重ねること。
パティは表面を
香ばしく焼き肉汁を
閉じ込めて。

Point

レタスは包丁で
ブロック状に
切り分けることで、
シャキシャキの
食感が楽しめます。

② レタスのウエッジサラダ

材料　※2人分

レタス　1個
ベーコン　4枚
ブルーチーズ　適量
黒胡椒　少々
塩　少々

A
- ブルーチーズ　10g
- ヨーグルト　大さじ2
- マヨネーズ　大さじ2
- レモン汁　小さじ2
- にんにく（すりおろし）　少々

作り方

1.レタスは縦半分に切ったものをさらに1/4個にくし切りにし、さっと流水で洗って水気をよく切り、冷蔵庫で冷やす。
2.ベーコンは2cm幅に切り、フライパンでカリッとするまで炒め、ペーパータオルに取る。
3.ボウルでAを合わせて滑らかになるまで混ぜる。塩で味を調える。
4.レタスを切り口が上になるように器に盛り、Aのドレッシングをかけ、ベーコンとブルーチーズを散らし、黒胡椒を挽きかける。

Point

なるべく細かく
切れ目を入れ、
アンチョビバターを
染み込ませるのが
コツ。レンジに
かけてからオーブンで
焼けば時短に。

③ ハッセルバックポテト
—アンチョビバター風味—

材料　※2人分

じゃがいも（メークイン）4〜6個（300g）
バター　30g
オリーブオイル　大さじ1
アンチョビフィレ　2枚
にんにく（すりおろし）　小さじ1/2
黒胡椒　少々
パセリ　適量
サワークリーム　適宜

作り方

1.アンチョビはペースト状になるまで包丁で細かく刻み、オリーブオイル、室温に戻したバターとおろしにんにくを入れぽってりするまで混ぜる。
2.よく洗ったじゃがいもを挟むように上下に割り箸を置いて、切り落とさないように気をつけながら、端から2〜3mm幅で切り込みを入れる。水に10分ほど浸して水気を切る。
3.じゃがいもに1個ずつラップをして、600Wの電子レンジで7分加熱する。
4.耐熱容器にじゃがいもを置き、1を切れ目に行き渡るように表面に塗りつける。
5.200℃に予熱したオーブンかオーブントースターで表面がカリッとするまで焼く（10分程度）。焼き上がったらみじん切りにしたパセリと黒胡椒を振る。好みでサワークリームを添えてもOK。

チーズバーガー
レタスのウエッジサラダ
ハッセルバックポテト

○ワイン片手に、エスニックおつまみ

野菜も魚介もお肉もバランスよく摂れるタイ料理。辛い、甘い、酸っぱい…の3つの味覚で構成されたヘルシーで食欲をそそる味わいが特徴。お酒は、最近注目を集めているタイワインをよく冷やして乾杯！

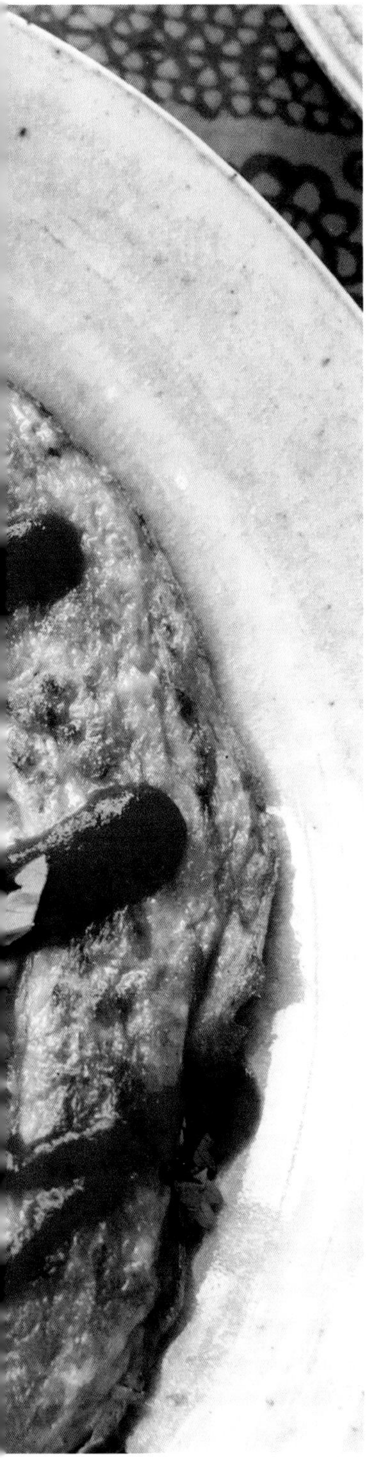

① タイ風卵焼き

材料　※2人分

卵　3個
豚ひき肉　80g
小ねぎ　4本
ナンプラー　小さじ1
砂糖　小さじ1
塩・胡椒　各少々
サラダ油　大さじ2
パクチー　適量
シラチャーソース　適量

作り方

1.小ねぎは小口切りにする。
2.ボウルに卵を割り入れて箸で溶きほぐし、豚ひき肉とナンプラー、砂糖、塩・胡椒、小ねぎを加えてよく混ぜる。
3.フライパンにサラダ油（分量外）を入れて熱し、2の卵液を流し入れて大きく混ぜ、半熟状になったら裏返して縁からサラダ油を回し入れ、1分ほど焼く。器に取り出し、シラチャーソースをかけ、刻んだパクチーをかける。

Point
屋台風の卵焼きは、
多めの油で一気に
焼き上げて
ふんわり香ばしい
味わいに。

イカと絹さやの
炒め物
焼きなすの
サラダ
タイ風卵焼き

Point

シーフードの炒め物は
刺身用のイカを使えば
下ごしらえいらず。
縞状に切れ目を
入れると食べやすくて
エスニックっぽい
雰囲気に。さっと
炒めて食感を生かして。

② イカと絹さやの炒め物

材料　※2人分

イカ(刺身用)　150g
絹さや　12枚
にんにく(みじん切り)　小さじ1
赤唐辛子　1本
サラダ油　大さじ1

A
- ナンプラー　小さじ1
- オイスターソース　小さじ2
- 醤油　小さじ1
- 砂糖　小さじ1
- 酒　大さじ1

黒胡椒　少々

作り方

1.絹さやはヘタと筋を取り、水に浸してパリッとさせておく。
2.イカは4×3cm角の削ぎ切りにして、切り落とさないように気をつけながら、食べやすく縦に2mm幅に切れ目を入れる。
3.フライパンにサラダ油とにんにくを入れて熱し香りが立ったら、種を取って輪切りにした赤唐辛子、イカを入れて軽く炒め、水気を切った絹さやも加えてさらに炒める。合わせたAと黒胡椒を加えて炒め合わせる。

SUMMER

③ 焼きなすのサラダ

材料　※2人分

長なす　2本
豚ひき肉　100g
干し海老　大さじ3
紫玉ねぎ　1/4個
小ねぎ　2本
にんにく(みじん切り)　小さじ1/2
パクチー　適量
ミニトマト　4個

A
- ナンプラー　大さじ2
- 砂糖　小さじ2
- レモン汁　大さじ2
- 唐辛子(種を取ってちぎる)　1〜2本

Point

なすは真っ黒に
なるまで焼いて
とろんとした食感に。
皮が熱いうちに
火傷をしないよう
急いでむいて。
豚ひき肉のラープは
干し海老を合わせて
旨味アップ。

作り方

1.なすはヘタの部分を残して、ぐるりと切れ目を入れてガクを取り、フォークで数カ所穴を開けて魚焼きグリルなどで全体が黒くなるまで焼き、熱いうちに皮をむき、ひと口大に切る。
2.Aを合わせておく。紫玉ねぎは粗みじん切りにする。小ねぎは3mm幅に切る。パクチーは葉を摘み、茎は細かく切る。
3.干し海老はぬるま湯大さじ3(分量外)に浸けて戻し、粗みじん切りにする。戻し汁ごと鍋に入れて火にかけ、沸騰したら、ひき肉を入れて箸で混ぜながら炒り付けて火を通す。
4.Aと紫玉ねぎ、にんにくみじん切り、小ねぎ、パクチーの茎、3を混ぜ合わせる。
5.器になすを盛り、4をかけ、4等分に切ったミニトマトとパクチーの葉をかける。

○薬味と楽しむ手巻き寿司

好みのネタを用意して自由に楽しむ手巻き寿司。お刺身の盛り合わせにマグロのすき身などの海鮮、薬味、クリームチーズや漬け物など…
バリエ豊富に用意すればお酒のお供にもぴったり。箸休めは甘辛のきんぴらで味と食感のメリハリを。

① 手巻き寿司

材料　※4人分

※酢飯
米　2合

（すし酢）
A
米酢　50mℓ
砂糖　大さじ1と1/2
塩　小さじ1

※具材など
刺身盛り合わせ　2パック
カニ風味かまぼこ　適量
いくら、ウニなど　各適量
クリームチーズ　適量
エシャレット　4本
鰹節　1パック
うずらの卵　8個
たくあん　適量
マグロのすき身　1パック
かいわれ　1/2パック
大葉　10枚
芽ねぎ　1パック
きゅうり　1本
小ねぎ　適量
みょうが　適量
市販の卵焼き　適量
焼き海苔　適量
わさび　適量

作り方

1.炊飯器で炊いたご飯をボウルに移し、Aを合わせたすし酢を全体に回しかけ、しゃもじを大きく動かして底から混ぜ、すし酢とご飯をしっかり混ぜ合わせる。うちわなどで扇いで冷ましたら、飯台や器に盛る。
2.刺身や野菜などの具材は細長く切り、器に盛り付ける。エシャレットは端の硬い部分を切り落として軟らかな白い部分のみを薄切りにする。クリームチーズは食べやすい角切りにして、鰹節をまぶす。たくあんは5㎜角に切り、マグロのすき身と混ぜてトロタクにする。うずらの卵は殻の上部分を割っておく。
3.三味薬味を作る。小ねぎは小口切りにする。みょうがは縦4つに切り端から刻む。かいわれは根っこを切り落とし、1㎝幅に切る。すべてボウルに合わせて水に浸し、ザルに上げて水気を切る。
4.具材を盛り合わせ、酢飯と海苔、わさびを添える。

Point
すし酢を混ぜるときは必ず炊き立ての熱々の状態で。ご飯をボウルに移してすし酢を回しかけたら、しゃもじを使って切るように混ぜシャッキリとしたすし飯に。食べるまでは濡らした布巾（キッチンペーパーでも可）をかけた上にラップをして乾燥を防ぎます。

れんこんとにんじんのきんぴら

② れんこんとにんじんのきんぴら

材料　※作りやすい分量

れんこん　200g
にんじん　100g
米油　小さじ1
赤唐辛子
（輪切り）　1本分

A
砂糖　大さじ2
酒　大さじ2
みりん　大さじ2
顆粒だしの素　小さじ1
醤油　大さじ2

ごま油　小さじ1
酢　小さじ2
炒りごま　適量

作り方

1.れんこんは皮をむき、大きければ縦半分に切り、3㎜幅の薄切りにし、水にさらす。にんじんは皮をむき、3㎜幅の半月切りにする。
2.フライパンに米油を入れて熱し、水気を切ったれんこんとにんじんと赤唐辛子を入れて、中弱火で上下を返しながられんこんが透き通るまで3～4分じっくり炒める。
3.Aを砂糖、酒、みりん、顆粒だしの素、醤油の順に加え、水分を飛ばしながら全体にからめるように炒め、仕上げに酢とごま油を加えてからめる。器に盛り、炒りごまを振る。

Otsumami Column ②

簡単なのに美味しい、とりあえずの一品。

サバ缶クリームチーズディップ

材料　※作りやすい分量

サバ水煮缶（120g）　1缶
クリームチーズ　120g
紫玉ねぎ　1/8個
レモン汁　大さじ1
塩　少々
黒胡椒　少々
バゲットやクラッカー　適量

作り方

ボウルに室温に戻したクリームチーズを入れて柔らかくなるまで練る。皮と骨を取ってほぐしたサバ缶と紫玉ねぎのみじん切り、レモン汁、塩、黒胡椒を少々加えて練る。薄切りにしたバゲットやクラッカーを添える。

かんたん度　★★★

かんたん度　★★☆

しらすのおつまみトースト

材料　※2人分

しらす　90g
玉ねぎ（みじん切り）　大さじ2
おろしにんにく　少々
マヨネーズ　大さじ3
オリーブオイル　大さじ1
胡椒　少々
バゲット　6枚
粉チーズ　適量
パセリ　適量
ピンクペッパー　少々

作り方

ボウルにしらすと玉ねぎ、おろしにんにく、マヨネーズ、オリーブオイル、胡椒を入れて混ぜる。1cmの厚さに切ったバゲットに6等分してのせ、粉チーズを振り、オーブントースターでこんがり焼き、パセリを散らし、ピンクペッパーを振る。

疲れて帰ってきてすぐに飲みたいとき、料理しながら自分もつまみたいとき、
何か一品足りないとき…そんなときに役立つ簡単おつまみ20品をご紹介。
冷蔵庫にあるものや缶詰を使ったり、切るだけ、和えるだけのものまで…腹ペコさん、呑兵衛さんもこれならすぐに満足！

アボカドナムル しらすのせ

かんたん度 ★★★

材料 ※2人分

アボカド　1個
みょうが　2個
しらす　大さじ3
ごま油　小さじ2
塩　少々
炒りごま　少々

作り方

アボカドは半分に切り、種と皮を取り除き、1㎝幅に切る。器に盛り、塩を振り、しらすと薄切りにしたみょうがをのせ、ごま油をかけ、炒りごまを振る。

もやしとニラの 韓国海苔ナムル

かんたん度 ★★★

材料 ※2人分

もやし　1袋
ニラ　1/2束
韓国海苔　5枚
おろしにんにく　少々
塩　小さじ1/2
鶏ガラスープの素（顆粒）　小さじ1
ごま油　小さじ2
炒りごま　少々

作り方

耐熱容器に、水に浸して水気を切ったもやしと4㎝の長さに切ったニラを入れてラップをし、600Wの電子レンジで3分加熱する。熱いうちにおろしにんにく、塩、鶏ガラスープの素を加えて和え、一度軽く水気を切ってから、ごま油を加えて混ぜ、最後にちぎった韓国海苔と炒りごまを加える。

梅おかか
オニオンスライス

かんたん度 ★★★

材料　※2人分

玉ねぎ　1個
梅干し（大）1個
ポン酢　大さじ2
ごま油　大さじ1
鰹節　適量

作り方

玉ねぎは縦に薄くスライスして水に5分ほどさらして水気を切り、器に盛る。叩いた梅干しとポン酢、ごま油を合わせたものをかけて鰹節をかける。

かんたん度 ★★

カリフラワーの
アンチョビ
バターソース

材料　※2人分

カリフラワー　1/2株
塩　小さじ1
オリーブオイル　大さじ1
おろしにんにく　小さじ2
赤唐辛子（輪切り）　1本分
アンチョビフィレ　3枚
バター　大さじ2
レモン汁　小さじ2

作り方

カリフラワーは小房に切り分けて、2分間塩茹でにして器に盛る。小さなフライパンにオリーブオイル、おろしにんにくと赤唐辛子、アンチョビフィレを入れて加熱し、じゅくじゅく沸いてきたらバターとレモン汁を加え、もう一度沸いたら、カリフラワーにかけて、ピンクペッパーを挽く。

砂肝と豆苗のポン酢和え

かんたん度 ★★

材料　※2人分

砂肝　150g
豆苗　1パック
酒　大さじ1
塩　小さじ1
炒りごま　適量

A
- ポン酢　大さじ1
- 柚子胡椒　小さじ1/2
- ごま油　小さじ2

作り方

薄皮を取って処理した砂肝は縦に数カ所切れ目を入れる。沸騰した湯500mℓに酒と塩を入れ、砂肝を入れて極弱火にして5〜6分ゆっくりと茹でる。豆苗をさっと茹でて冷水に取り、水気を切る。Aを合わせてかけ、炒りごまを振る。

かんたん度 ★★★

チェリーモッツァレラのカプレーゼピンチョス風

材料　※2人分

チェリーモッツァレラチーズ　6個
ミニトマト　6個
生ハム　2枚
バジルの葉　6枚
オリーブオイル　適量

作り方

チェリーモッツァレラチーズは水気を切り、生ハムで巻く。ミニトマトとバジルとともに楊枝に刺し、オリーブオイルをかける（好みで黒胡椒をかけてもよい）。

厚揚げピリ辛アヒージョ

かんたん度 ★★

材料 ※2人分

厚揚げ　1丁
しめじ　1パック
にんにく　1かけ
小ねぎ（小口切り）少々
オリーブオイル　大さじ2
豆板醤　小さじ1
醤油　小さじ2
バター　適量

作り方

直火にかけられる耐熱容器にオリーブオイルとスライスしたにんにく、豆板醤を入れて火にかけ、にんにくのいい匂いがしたら、6等分に切った厚揚げと小房に分けたしめじを入れ、中火で加熱する。途中厚揚げを裏返して、醤油を加える。最後に小口切りにした小ねぎを散らし、バターをのせる。

かんたん度 ★

塩サバとフレッシュトマトのサルサ

材料 ※2人分

塩サバ　半身
トマト　1個
紫玉ねぎ　1/8個
ピーマン　1個
パクチー　2〜3本

A
- にんにく（みじん切り）　小さじ1/4
- ライム搾り汁　大さじ2
- ハラペーニョソース（ペッパーソース）　適量
- 塩　小さじ1/2

作り方

トマトは5㎜の角切りにする。紫玉ねぎとピーマンはみじん切りにし、パクチーは茎はみじん切り、葉は粗く刻む。ボウルに入れてAを加え、サルサを作る。塩サバはふたつに削ぎ切りにしてフライパンで両面を香ばしく焼き、器に盛り、サルサをたっぷりかける。

塩昆布
ツナピーマン

材料　※2人分

ピーマン　4個
ツナ缶　大さじ3
塩昆布　大さじ1
醤油　小さじ2
ごま油　小さじ2

作り方

ピーマンは種を取り、細切りにする。ボウルにピーマンとツナ缶、塩昆布、醤油、ごま油を加えて混ぜて器に盛る。

かんたん度 ★★★

かんたん度 ★★★

セロリの
白だし浅漬け

材料　※2人分

セロリ　1本

A
- 白だし　大さじ2
- 酢　大さじ1
- 水　大さじ1

作り方

セロリは長さ5㎝に切って、4等分の棒状に切る。保存用ビニール袋にAと一緒に入れて軽く揉み、冷蔵庫で2時間以上漬ける。

ささみとえのきのポン酢炒め

かんたん度 ★★

材料 ※2人分

ささみ　3本
長ねぎ　1本
えのき　1束
にんにく（みじん切り）　小さじ1
バター　大さじ1
ポン酢　大さじ2
塩・胡椒　各少々

作り方

ささみはひと口大の削ぎ切りにして塩少々を振る。長ねぎは斜め切りに、えのきは石づきを取って長さを半分に切る。フライパンにバターを入れて溶かし、にんにくとささみを炒める。ささみの色が白くなったら、長ねぎを入れてさっと炒め、えのきも加えしんなりするまで炒める。ポン酢と塩・胡椒を各少々加えて味を調える。

納豆キムチチーズのお揚げ焼き

かんたん度 ★★

材料 ※2人分

油揚げ　2枚
ひきわり納豆　2パック
キムチ　80g
小ねぎ　大さじ2
溶けるチーズ　大さじ4
かいわれ　適量

作り方

ボウルにひきわり納豆と付属のたれ、刻んだキムチ、小口切りにした小ねぎを入れてよく混ぜる。油揚げを半分に切って袋状に開け、納豆と溶けるチーズ大さじ1ずつを詰め、端を楊枝で留める。オーブントースターでカリッと香ばしく焼き、かいわれを添える。

シャウエッセンのトマトチーズ焼き

かんたん度 ★★★

材料 ※2人分

シャウエッセン　6本
市販のトマトソース　大さじ6
ピザ用チーズ　適量
チリパウダー　適量
パセリ　適量

作り方

シャウエッセンに斜めに切れ目を入れて、耐熱容器に並べ、市販のトマトソースをかけ、ピザ用チーズを適量のせオーブントースターでチーズが溶けるまで焼く。焼き上がりにチリパウダーと刻んだパセリを振る。

かんたん度 ★

シャウエッセンとピーマンのカレー炒め

材料 ※2人分

シャウエッセン　6本
玉ねぎ　1/4個
ピーマン　2個
オリーブオイル　小さじ2

A
- カレー粉　小さじ1
- めんつゆ（3倍希釈）小さじ2
- ウスターソース　小さじ2

作り方

シャウエッセンは斜めに2等分する。玉ねぎは1.5cm幅に切る。ピーマンは種を取り、1.5cm幅に切る。フライパンにオリーブオイルを熱し、玉ねぎを入れてしんなりするまで炒めたら、ピーマンとシャウエッセンを加えて焼き色がつくまで炒め、Aを加えて炒め合わせる。

にんじんだけの春巻き

かんたん度 ★

材料 ※2人分

にんじん　1本（200g）
春巻きの皮　2枚
サラダ油　適量
カレー粉、塩　各適量

A
- 塩　小さじ1弱
- レモン汁　小さじ1
- クミンシード　小さじ1

春巻きの皮　3枚
揚げ油　適量

作り方

にんじんは皮のままスライサーなどで細切りにする。ボウルに入れてAを加えて混ぜ、しばらく置いて出た水気をしっかり絞る。春巻きの皮を半分の三角に切り、にんじんを包み巻き終わりを薄力粉と水（ともに分量外）を同量合わせたノリで留める。フライパンにサラダ油を1㎝ほどの深さに注ぎ熱し、春巻きを入れてカラッと色よく揚げ焼きにする。カレー粉と塩を合わせたものを添える。

ちくわクリームチーズ

かんたん度 ★★★

材料 ※2人分

ちくわ　3本
ポーションタイプのクリームチーズ　6個
マヨネーズ　適量
一味唐辛子　適量

作り方

ちくわは4等分に切り、縦に切れ目を入れる。室温に戻して柔らかくしたクリームチーズを切れ目を広げて詰める。マヨネーズを添え、一味唐辛子を振る。

茹でキャベツのナンプラーゆで卵ソース

かんたん度 ★★

ゆで卵を
潰しながら
食べると◎

材料　※2人分

キャベツ　4枚
卵　2個
ナンプラー　大さじ2
水　大さじ2
塩　少々

作り方

キャベツを大きめのひと口大にちぎり、塩を加えた湯で1分ほど茹でる。卵は沸騰した湯で8分茹でて殻をむく。キャベツを器に盛り、ナンプラーと水を合わせたところに半分に切ったゆで卵を入れたソースを添える。ゆで卵を潰しながら、ソースと一緒にキャベツを食べる。

にんじん明太子しりしり

かんたん度 ★★

材料　※2人分

にんじん　1本
辛子明太子　1/2腹
酒　大さじ1
醤油　小さじ2
塩　少々
サラダ油　大さじ1
ごま油　小さじ1

作り方

にんじんはしりしり器などで細切りにする。明太子は薄皮からしごきだし、酒、醤油、塩と合わせておく。フライパンにサラダ油を熱し、にんじんを入れて炒め、しんなりしたら明太子ソースを加え炒め合わせ、仕上げにごま油を垂らす。

○ 月見ポン酢だれで食す豆乳しゃぶしゃぶ鍋

盛り付けやたれに工夫して、華やかにアレンジした豚しゃぶ鍋。食感を引き立てる冷たい前菜とカリカリの副菜、そして美味しい日本酒があれば…まさに〝くいしんぼうおつまみ〟な食卓が完成。

Autumn Otsumami

食欲の秋、実りの秋。
温かな食事が恋しくなる

秋

美味しい食材がたくさん登場する秋は、
まさに美食の季節。
過ごしやすい気候になると
不思議と食欲も湧いてくるから、
ほっこり落ち着ける食事と一緒に
じっくりお酒を楽しみたいもの。
アテと呼びたくなるちょこちょことしたおつまみに
日本酒や焼酎、ワインでさあ乾杯！
思う存分味覚の秋を満喫したい。

① 豆乳しゃぶしゃぶ

Point

野菜はひと口ずつ
少なめに巻くのが
美味しく食べるコツ。
たれの卵は、
溶きすぎずに
さっくり混ぜて。

材料　※2人分

しゃぶしゃぶ用豚バラ肉
200〜300g
豆苗　1パック
えのき　1パック
絹ごし豆腐　1パック
豆乳(無調整のもの)　500㎖
水　500㎖
白だし　大さじ5

※たれ
卵　2個
長ねぎ(みじん切り)
適量
青海苔　適量
ポン酢　適量
一味唐辛子　適量

作り方

1.豆苗とえのきは根を切り落とし、7〜8㎝の長さに切る。大体10束くらいに分け豚バラ肉でくるくると巻き、器に盛る。
2.鍋に豆乳と水、白だしを入れて火にかけ、沸騰直前まで温めて8つに切った豆腐を入れる。
3.豆腐が温まったら、1の肉巻きを入れて火が通るまで煮る。たれの材料を合わせて添える。

② れんこんの磯辺揚げ

材料　※2人分

れんこん　1節
片栗粉　大さじ1
青海苔　大さじ2
サラダ油　適量
塩・胡椒　各少々

作り方

1.れんこんは皮をむいて、大きければ縦半分に切り、8㎜の厚さにスライスする。水にさらしてからしっかりと水気を拭く。
2.ポリ袋にれんこんを入れ、片栗粉と青海苔を入れて全体にまんべんなくまぶす。
3.フライパンに多めの油を入れて熱し、2のれんこんを重ならないように入れてカリッと揚げ焼きにする。塩を振って器に盛り、胡椒をかける。

Point

カリッと歯応えよく
少ない油で
揚げ焼きに。
食感の異なる副菜を
組合せて、お鍋を
最後まで美味しく。

Point

セロリにひと塩して、
余分な水気を抜くのが
美味しく作るコツ。

③ タコとセロリの梅だれ

材料　※2人分

茹でダコの足　1本
セロリ　1本
塩　小さじ1/4
かいわれ　適量
※たれ
梅肉　大さじ1
砂糖　小さじ1
ポン酢　大さじ2
オリーブオイル　大さじ1

作り方

1.茹でダコは削ぎ切りにする。セロリは1㎝の厚さに切り、塩を振ってしばらく置き、水気が出たら絞っておく。かいわれは根を切り落とし、3㎝の長さに切る。
2.たれの材料を合わせる。
3.タコとセロリを合わせて器に盛り、梅だれをかけてかいわれをのせる。

○甘辛カルビチムに海鮮チヂミ、3色ナムルを添えて

食欲をそそる旨辛な味付けで、お肉も野菜もたっぷり摂れる韓国料理。こっくり甘辛のカルビチムとパリッと香ばしいチヂミを主役に数種のナムルを取り合わせて。飲み口爽やかな生マッコリがあれば気分は韓国旅行。

① カルビチム

材料　※作りやすい分量

牛バラ肉(シチュー用)　300g	水　100mℓ
大根　1/2本	糸唐辛子　少々
にんじん　1本	すりごま　適宜

A
- 砂糖　大さじ2
- 醤油　大さじ2
- 酒　大さじ2
- りんごジュース　100mℓ
- コチジャン　大さじ1
- おろし玉ねぎ　1/2個分
- おろしにんにく　小さじ1
- おろし生姜　小さじ1
- ごま油　小さじ2

作り方

1.牛バラ肉の角切りをポリ袋に入れてAを加えて揉み込み、冷蔵庫で30分ほど漬ける。

2.大根とにんじんは皮をむき、2cm厚さのいちょう切りにする。

3.厚手の煮込み用の鍋に水と1、2を入れてざっと混ぜ、蓋をして中火で煮る。沸騰したら弱火にして30〜40分、煮汁が少なくなって照りが出るまで煮る。

4.器に盛り、糸唐辛子と好みですりごまを振る。

Point

調味料を肉に
揉み込み、じっくり
煮込んでほろほろに。
圧力鍋を使えば
時短も可能です。

② 3色ナムル

材料　※作りやすい分量

●ミニトマトのナムル
ミニトマト　1パック
（約12個）

A
- 塩　小さじ1/2
- 砂糖　ひとつまみ
- 鶏ガラスープの素　少々
- すりごま　大さじ1/2
- ごま油　小さじ2

●ズッキーニのナムル
ズッキーニ　1本

B
- 塩　小さじ1/2
- 鶏ガラスープの素　少々
- おろし生姜　小さじ1
- 炒りごま　小さじ1
- ごま油　小さじ2

●蒸しなすのナムル
なす　2本

C
- 塩　小さじ1/2
- 薄口醤油
  小さじ1/2
- 鶏ガラスープの素
  少々
- おろしにんにく
  少々
- 炒りごま　小さじ1
- ごま油　小さじ2

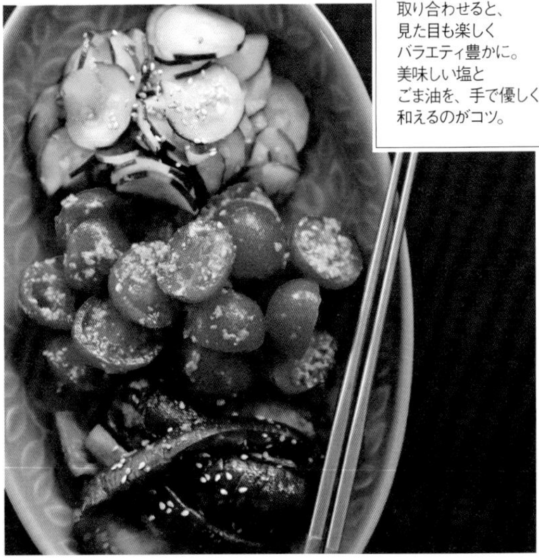

Point
好みの野菜を数種類
取り合わせると、
見た目も楽しく
バラエティ豊かに。
美味しい塩と
ごま油を、手で優しく
和えるのがコツ。

作り方

1.ミニトマトは縦半分に切り、ボウルに入れてAを加えて和える。
2. ズッキーニは数カ所ピーラーで縞状に皮をむき、厚さ2〜3 ㎜の薄切りにしてボウルに入れ、塩少々（分量外）を入れてなじませ、しんなりしたらBを加えて和える。
3.なすはヘタを切り落とし、縦半分に切り、縦2㎝幅に切る。さっと水にくぐらせてから耐熱容器に皮を上にして並べ、ふんわりとラップをかけて600Wの電子レンジで4分加熱する。
4.加熱が終わったらラップを外して粗熱を取り、ボウルに入れてCを加えて和える。

Point
市販の天ぷら粉と
炭酸水で独特の
軽い食感に。生地を
少なめにして具材に
からめてフライパンに
流し、仕上げに
ごま油を流し入れれば
カリッと香ばしく
焼き上がります。

③ 天ぷら粉の海鮮チヂミ

材料　※2人分

むき海老　80g
イカ　80g
玉ねぎ　1/4個
ニラ　1/4束(50g)
パプリカ　1/4個
天ぷら粉　100g
炭酸水　100㎖
塩　少々
鶏ガラスープの素
小さじ1
サラダ油　大さじ1
ごま油　大さじ2
糸唐辛子　適宜

A
- 酢　大さじ1
- 醤油　大さじ1
- コチジャン
  小さじ1
- ごま油
  小さじ1
- すりごま
  小さじ1/2

作り方

1.むき海老とイカは2㎝角に切る。玉ねぎは薄切りにする。ニラは4〜5㎝の長さに切る。パプリカは種を取り、細切りにする。
2.ボウルに天ぷら粉、炭酸水、塩、鶏ガラスープの素を入れて泡立て器で滑らかになるまでよく混ぜる。
3.1を加えて生地が具材にからむようにざっくりと混ぜる。
4.フライパンにサラダ油大さじ1とごま油大さじ1を入れて熱し、3を入れて平らに広げる。中火で4分焼いたら裏返す。フライパンの縁から仕上げ用にごま油大さじ1（分量外）を回し入れ、フライ返しで押さえながら裏側にも香ばしい焼き色がつくまで3分ほど焼く。最後にもう一度裏返して強火で表面をカリッと焼き、取り出してひと口大に切って器に盛る。好みで糸唐辛子を散らし、Aを合わせたたれを添える。

天ぷら粉の海鮮チヂミ

○ みんなでワイワイ、トラットリア気分

食卓がぱっと明るくなるイエローのクロスを敷いて、トラットリア風に。野菜の旨味が詰まったカポナータに、さっぱりいただける白身魚のカルパッチョはサラダ仕立て、メインは旨味たっぷり＆皮目をパリッと焼いた鶏もも肉をじゃがいもと。

① 鶏もも肉と じゃがいものロースト

材料　※4人分

鶏もも肉　2枚
じゃがいも　600g
(普通のサイズなら4個、小ぶりなら6個)
にんにく(皮付き)　4かけ
ローズマリー　2枝
塩　小さじ1と1/2
黒胡椒　少々
オリーブオイル　大さじ3
レモン　適宜

作り方

1.鶏肉は余分な脂身や筋を取り除き、1枚を5切れにカットする。塩・胡椒、オリーブオイル大さじ1を揉み込み、15分ほどなじませる。
2.じゃがいもは皮付きのまま、普通のサイズなら3㎝角、小ぶりなら半分に切り、さっと水にさらして水気を拭く。耐熱容器に入れラップをして600Wの電子レンジで5分加熱する。
3.フライパンに1の鶏肉を皮目を下にして並べて火をつける。中火強で皮目がこんがりきつね色になるまで焼く。
4.オーブンに入れられる耐熱容器にじゃがいもと皮付きのにんにくを入れ、オリーブオイル大さじ2を入れて和えてから、鶏肉を皮目を上にしてのせ、ローズマリーを散らし、220℃に予熱したオーブンで20〜25分焼く(焦げそうになったら、アルミホイルをかぶせる)。
5.好みでレモンを添えて供する。にんにくを潰し鶏肉につけて食べる。

Point
皮目を焼いてから
ローストすると
カリッと香ばしく、
ふっくらジューシー。
鶏肉の旨味が染み
込んだじゃがいもが
これまた美味!
皮付きのにんにくも
焼いて、ソース
代わりに一緒に
食べるのがおすすめ。

鶏もも肉と
じゃがいものロースト

カポナータ

鯛のカルパッチョ
サラダ

② カポナータ

材料　※4人分

なす　2本
セロリ　1本
ズッキーニ　1本
パプリカ(赤、黄)　各1個
紫玉ねぎ　1個
にんにく　1かけ
粗ごしトマト水煮缶(400g)　1缶
ホワイトバルサミコ　大さじ1
オリーブオイル　大さじ3
塩　小さじ2
胡椒　少々
イタリアンハーブミックス　適量
サラダ油　適量

Point
なすは素揚げすることで煮崩れを防ぎ、コクも増します。隠し味のホワイトバルサミコもポイント。甘酸っぱさが欲しいので、ホワイトバルサミコがなければ酢とハチミツ少々でも代用可。

作り方

1.紫玉ねぎは2cm角に切る。セロリは筋を取り、1.5cm角に切る。なすはヘタを取り、2cm角に切って軽く塩(分量外)を振ってしばらく置き、出た水気を拭き取る。ズッキーニ、パプリカもヘタを取って2cm角に切る。にんにくは潰す。
2.フライパンにサラダ油を入れて170℃に熱し、なすを素揚げする。
3.厚手の鍋にオリーブオイルとにんにくを入れて火にかけ、香りが出たら、紫玉ねぎ、セロリを炒める。
4.紫玉ねぎが透明になったら、ズッキーニ、パプリカを加え、塩小さじ1を振って5分ほど炒め合わせ、トマト水煮缶とホワイトバルサミコ、ハーブミックスを加え蓋をして弱火で15分、時々混ぜながら煮る。
5.素揚げしたなすを加えてさらに5分ほど煮てなじませ、塩・胡椒で味を調える。

Point
ナンプラーとオリーブオイルで和えてから仕上げの塩で味を引き締めます。辛味の少ない紫玉ねぎやミックスグリーンを合わせてさっぱりと。

③ 鯛のカルパッチョサラダ

材料　※4人分

鯛刺身用(サク)　200g
ミックスグリーン　1パック
紫玉ねぎ　1/4個
レモン　輪切り3枚分
ナンプラー　小さじ1弱
オリーブオイル　大さじ1
塩　少々

作り方

1.紫玉ねぎは薄切りにする。ミックスグリーンは水洗いして水気をしっかりと切り、食べやすい大きさに手でちぎっておく。レモンの輪切りは4等分のいちょう切りにする。
2.鯛の刺身は削ぎ切りにしてボウルに入れ、ナンプラーを加えて混ぜてから、オリーブオイルを加えて和える。
3.ミックスグリーン、2の鯛、塩を軽く振った紫玉ねぎとレモンを和えて器に盛り、オリーブオイル(分量外)を回しかける。

◦ アヒージョがメインのスペインバル風おつまみ

ワイン片手に美味しい時間を…そんなときにぴったりな、素材をシンプルに楽しめるスペインのバル風メニュー。
にんにくオイルで具材を煮るだけのアヒージョ、ソーセージ&ポテト入りフリッタータ、果物と生ハムのサラダ…
どれも具だくさんに仕上げれば食べ応えも満足度もUP。

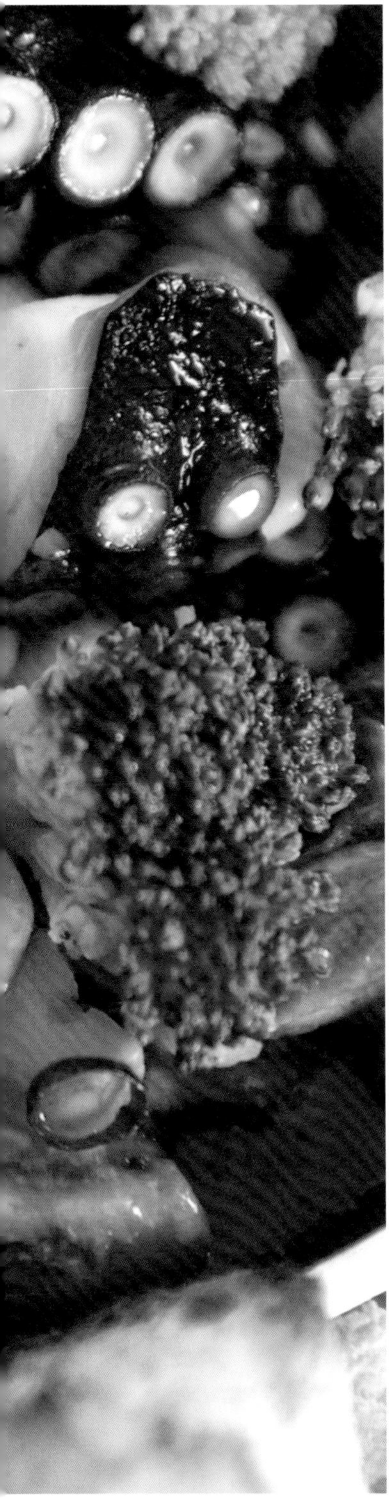

① 具だくさんアヒージョ

材料　※2人分

茹でダコ　1本
海老　4尾
帆立　4個
マッシュルーム　4個
ブロッコリー　1/4個
にんにく　1かけ
アンチョビペースト　小さじ1
赤唐辛子　1本
オリーブオイル　大さじ4
塩・胡椒　各少々
フランスパン　適量

作り方

1.茹でダコはひと口大に切る。海老は塩水でさっと洗ってから殻をむき、背ワタを取り、ひと口大に切る。帆立は4つに切る。にんにくは薄切りにする。ブロッコリーは小房に分けてから1分半塩茹でにする。マッシュルームは石づきを落とし半分に切る。
2.直火にかけられる耐熱容器にオリーブオイルを入れ、1の全部と輪切りにした赤唐辛子を入れ火にかける。中火でぐつぐつと沸いてきたら、アンチョビペーストを溶かし入れ、塩・胡椒で味を調える。スライスして焼いたフランスパンを添える。

Point

具材は大ぶりに切ってギュウギュウに詰め込んで。旨味が移ったオイルがまた美味しいので、パンを浸しながら余すことなく楽しみたい。

② ソーセージとじゃがいものフリッタータ

Point

フライパンで
炒めた具材を
熱々のうちに
溶き卵に混ぜてから
焼くことで、
生焼けになる
こともなくふっくら
仕上がるし時短に。

材料　※作りやすい分量

ウインナーソーセージ　100g
じゃがいも　2個（250g）
玉ねぎ　1/2 個
パルミジャーノレッジャーノ　20g
卵　4個
オリーブオイル　大さじ3
塩・胡椒　各少々

作り方

1.玉ねぎは薄切りにする。じゃがいもは皮をむいて2㎝角に切り、さっと水にさらしてから3分ほど塩茹でにするか、600Wの電子レンジで3分加熱する。ウインナーソーセージは5㎜の斜め薄切りにする。

2.直径20㎝のフライパンにオリーブオイル大さじ2を入れて玉ねぎをしんなりするまで炒めてからじゃがいもを加えてさらに炒め、塩・胡椒をし、ソーセージを加えてさっと炒め合わせる。

3.ボウルに卵を割りほぐし、削ったパルミジャーノレッジャーノを混ぜ、塩・胡椒少々をしてから、2を熱いまま加えて全体を混ぜる。

4.2のフライパンをさっと洗って、火にかけ、オリーブオイル大さじ1を入れてなじませる。3を一気に流し入れ、大きくかき混ぜながら6割ほど火が通ったら、蓋をして弱火で2分焼く。

5.フライパンの上に皿をかぶせてフライパンをひっくり返す。滑らせるようにフライパンに戻して、蓋を外して1分ほど焼く。

③ 生ハムと洋梨のサラダ

材料　※2人分

生ハム　80g
洋梨　1個
クレソン　2束
トレビス　2〜3枚
ホワイトバルサミコ　大さじ1
オリーブオイル　大さじ2
塩　小さじ1/2
胡椒　少々

Point
フルーツと生ハムの
組合せは、
甘じょっぱさが
ワインにぴったり。
洋梨の濃厚な香りと
甘さが、生ハムの
塩気で引き立ちます。

作り方

1.洋梨は皮をむき、芯を取ってひと口大に切る。クレソンはざく切りにする。トレビスはひと口大にちぎる。
2.ボウルに洋梨を入れて、オリーブオイルとホワイトバルサミコ、塩・胡椒を加えなじませてから、クレソンとトレビスを加えざっくり和えて器に盛り、生ハムを散らす。

◦ 串焼き屋さんごっこで晩酌

串に刺してあるだけで、ぐんと楽しくて気分が上がる串焼きは、気取らずに食べられてお酒も進む最強のおつまみ。
相性のよいものを何でも気軽に巻き、フライパンで焼くだけだから簡単で失敗知らずです。

Point
味が濃く焼いても
柔らかな豚バラ肉の
薄切りを使い、
中に巻くものは
火が通りやすいもの
なら何でもOK。
味付けに変化を
つけるのが鍵。

① 串焼きいろいろ

＊すべて4本分

巨峰巻き

材料

豚バラ肉薄切り　4枚
巨峰　8粒
塩・胡椒　各適量
ブルーチーズ　適量

作り方

豚バラ肉は1枚を半分に切る。バラ肉で巨峰を皮ごと巻いて、2粒ずつ串に刺す。フライパンで弱火から中火で肉にまんべんなく焦げ目をつける。火が通ったら塩・胡椒をし、器に盛り、ブルーチーズを散らす。

しいたけのマヨチーズ焼き

材料

しいたけ　2枚
マヨネーズ　小さじ2
おろしにんにく　少々
粉チーズ　小さじ4

作り方

しいたけは軸を切り落とす。マヨネーズにおろしにんにくを混ぜたものを小さじ1ずつしいたけのかさの内側に塗り、粉チーズを小さじ2ずつ振る。クッキングシートの上に並べてオーブントースターで8〜10分焼く。

梅しそ巻き

材料

豚バラ肉薄切り　7枚
大葉　10枚
梅干し　2個
塩　少々

作り方

豚バラ肉を少しずつ重なるように7枚並べ、大葉を全体に広げて置き、種を取って叩いた梅干しを塗りつける。手前から巻いて、2cm幅に切り、断面を手で握って整えてから2つずつ串に刺す。塩を軽く振り、フライパンで両面を香ばしく焼く。

ニラ巻き

材料

豚バラ肉薄切り　4枚
ニラ　1束
紅生姜　大さじ2
塩・胡椒　各少々

作り方

ニラは4cm長さに切る。豚バラ肉は1枚を2等分する。1/2枚でニラ約10本と紅生姜を並べて巻く。2つずつ串に刺し、塩・胡椒をする。フライパンで両面を香ばしく焼く。

絹さや巻き

材料

豚バラ肉薄切り　8枚
絹さや　24枚
塩　少々

A
- 酒　小さじ2
- みりん　小さじ2
- 醤油　大さじ1
- 砂糖　小さじ1

作り方

絹さやは筋を取り、水に浸してパリッとさせる。絹さやの水気を拭き、3枚ずつセットにして豚バラ肉で巻き、軽く塩を振る。フライパンを熱し、転がしながらこんがりと焼き目がつくまで中火で焼き、合わせたAを回し入れて煮立ててからめる。取り出して2つずつ串に刺す。

Point
ピーマンは氷水に
1時間以上浸けると
びっくりするほど
パリッとした食感に。

② 肉味噌
パリパリピーマン

材料　※2人分

ピーマン（肉厚のもの）　4個
鶏ひき肉（胸肉）　200g

A
- おろし生姜　1かけ分
- にんにく（みじん切り）　1かけ分
- 味噌　大さじ2
- 酒　大さじ1
- みりん　大さじ2
- 醤油　大さじ1
- 砂糖　大さじ1
- ごま油　小さじ1

作り方

1.ピーマンは種を取り除き、半割りにして氷水に浸したまま冷蔵庫で1時間以上置く。
2.鍋にひき肉と水大さじ2（分量外）を入れてざっくりとほぐし、Aを加えて火にかける。ひき肉の色が変わり、水気が少なくなってぽってりとするまで時々混ぜながら加熱する。
3.2の肉味噌を器に盛り、よく冷やしたピーマンを添える。好みでマヨネーズと一味唐辛子を添える。

③ たぬきやっこ

材料　※2人分

絹ごし豆腐（小パック）　2個
揚げ玉　大さじ4
小ねぎ　適量

A
- 麺つゆ（3倍希釈）　大さじ2
- 水　大さじ1

青海苔　少々
一味唐辛子　少々

作り方

1.小ねぎは小口切りにする。揚げ玉はオーブントースターで温める。
2.豆腐はパックから出して器に盛り、合わせたAをかけ、揚げ玉と小ねぎをのせ青海苔、一味唐辛子を振る。

Point
揚げ玉は
オーブントースターで
温めるひと手間で
カリッと仕上がります。

肉味噌
パリパリピーマン
串焼き
いろいろ
たぬきやっこ

○ 水餃子で台湾風おつまみ

優しい味わいで人気の台湾料理は家飲みにもぴったり。卓上で茹でながら熱々をいただく水餃子をメインにいんげんの搾菜炒め、スパイスが香ばしいフライドポテトなどビールによく合う副菜を用意したい。

① 水餃子

材料　※2人分

※水餃子
ほうれん草　1/2束
ニラ　1/2束
海老　100g
豚ひき肉　100g
水餃子の皮　20枚

A
- 生姜の搾り汁　小さじ2
- 醤油　小さじ2
- 酒　小さじ2
- 塩　小さじ1/2
- 砂糖　少々
- 胡椒　少々

※たれ
ココナッツファイン　大さじ1
XO醤　大さじ1
醤油　大さじ1
酢　大さじ1
ラー油　小さじ2
ごま油　小さじ2
生姜の搾り汁　小さじ1
砂糖　小さじ1

長ねぎ（みじん切り）大さじ1
パクチー　適量

作り方

1.ほうれん草とニラは1㎝幅に切る。海老は殻と尾を取り除き、背ワタを取り、縦半分に切ってから半尾をそれぞれ3つに削ぎ切りにする。
2.ボウルに豚ひき肉を入れ、Aを加えてよく混ぜる。混ざったら海老とほうれん草とニラを加えて混ぜる。
3.水餃子の皮に2を大さじ1ずつのせ、半分に折る。両端をくるっと合わせて水をつけてくっつけ、丸く形作る。
4.たっぷりの湯を沸かし、サラダ油小さじ1(分量外）を入れ、3を食べる量ずつ入れて浮いてくるまで4分ほど茹でる。たれの材料を合わせる。
5.水餃子を各自で取り分け、たれ、長ねぎ、パクチーを添える。

Point
主役となる水餃子は皮が命。焼き餃子ではなくちゃんと水餃子用の皮を選ぶと、もちもちした食感を楽しめます。包み方は焼き餃子のようにヒダを作らず二つ折りにするだけでもOKですが、二つ折りにした端と端をくっつけるだけで可愛らしい形に。

いんげんの
搾菜炒め
水餃子
フライド
ポテト

Point

油が冷たいうちから
にんにくと一緒に
入れて揚げ、ほっくり。
山椒のような辛さに
柑橘の香りが爽やかな
台湾のスパイス
「馬告(マーガオ)」と
刻んだパクチーで
風味よく。

② フライドポテト
—マーガオ風味—

材料　※2人分

じゃがいも(メークイン)　2個
にんにく　2かけ
揚げ油　適量
塩　適量
マーガオ　適量
パクチー　適宜

作り方

1.じゃがいもは皮をむき、縦に置き、1cm厚さにスライスしてから重ねて、1cm幅のスティック状に切る。さっと水にさらしてからしっかり水気を拭き取る。
2.鍋に揚げ油を入れ、冷たいうちにじゃがいもとにんにくを入れて火にかける。
3.じゃがいもの表面がカリッとしてきつね色になるまで中火で揚げる。
4.じゃがいもとにんにくを取り出し、塩とマーガオを振り、お好みでパクチーをかける。

③ いんげんの搾菜炒め

材料　※2人分

いんげん　100g
にんにく(みじん切り)　小さじ1
生姜(みじん切り)　小さじ2
長ねぎ(みじん切り)　大さじ1
味付き搾菜　大さじ1
干し海老　小さじ1
サラダ油　大さじ2

A
酒　大さじ1
オイスターソース　小さじ1
醤油　小さじ1
胡椒　少々
ごま油　小さじ1

Point

いんげんにシワが
寄るように少ない油で
揚げ焼き。搾菜と
干し海老でちょっと
パンチのある味わいに。

作り方

1.いんげんは4cm長さに切る。味付き搾菜は粗みじん切りにする。干し海老はぬるま湯に15分ほど浸してから水気を切って粗みじん切りにする。
2.フライパンにサラダ油を熱して、いんげんを入れ、表面にシワが出るまで揚げ焼きにし、一度取り出す。
3.2の油を大さじ1弱程度残して火にかけ、にんにく、生姜を入れて香りが出るまで炒めたら、干し海老と搾菜を加えてさらに炒める。
4.Aを加えてひと煮立ちさせたら、いんげんと長ねぎを加えてさっと炒め合わせる。

○秋の夜長にぴったりな蕎麦屋さん飲み

気の利いたおつまみをちょこちょこつまみながらお酒を楽しんで、最後は蕎麦でシメる
お蕎麦屋さんスタイル。しっとり焼き上げた卵焼きに板わさ、かき揚げなど
蕎麦屋さん定番のおつまみに、いちじくやシャインマスカットなど旬のフルーツを添えれば季節感もたっぷり。

① おつまみいろいろ

※2人分

しらすとみょうがの
和えもの

Point
豆皿を使って
ちょっとずつ。
季節感も盛り込んで、
目も舌も楽しく。

鴨ロースの しっとり煮

材料

合鴨のむね肉
1枚(400g)

A
- だし汁　300mℓ
- 醤油　120mℓ
- みりん　120mℓ
- 酒　大さじ1

クレソン　適量
粒マスタード　適量

作り方

1.鴨のむね肉は余分な脂や皮、筋などを取り除き、皮面に縦に5～6㎜の間隔で切り込みを入れる。
2.フライパンに1を皮面から入れて火をつけ、中弱火で皮に香ばしい焼き色がつくまでじっくり焼き付ける。途中ペーパータオルで出た脂を拭き取りながら焼く。皮面を3分焼いたら、裏返して身側は表面の色が変わる程度に1～2分焼く。鴨を取り出してぬるま湯で洗い余分な脂やアクを取り除く。
3.鴨がちょうど入るくらいの大きさの鍋にAを入れて沸かし、鴨の身を下にして入れる。落とし蓋をして極弱火で10分ほど煮てから火を止め、そのまま冷ます。汁ごとチャック付きポリ袋などに入れ、できれば冷蔵庫に一晩入れてしっかり締める。食べる直前にスライスして器に盛り、クレソン、粒マスタードを添える。

しらすとみょうがの 和えもの

材料

釜揚げしらす　50g
みょうが　2個
ごま油　小さじ1
塩　少々
白炒りごま　適量
黒七味　少々

作り方

1.みょうがは縦半分に切り、繊維を断つように薄切りにし、水にさっとさらして水気を切る。
2.ボウルにしらすとみょうが、ごま油、塩を入れてさっと和え、器に盛り、炒りごまと黒七味を振る。

フルーツ白和え

材料

シャインマスカット　6粒
いちじく　1個
※和え衣
木綿豆腐　1/2丁

A
- 練りごま　大さじ1
- 砂糖　大さじ1
- 薄口醤油　小さじ2
- 白味噌　小さじ2

作り方

1.豆腐はキッチンペーパーに包み、バットなどをのせてしっかり水切りする。
2.シャインマスカットは縦半分に、いちじくはひと口大に切って器に盛る。
3.ボウルに水切りした豆腐とAを入れて滑らかになるまでよく混ぜる。
4.2に3をかける。

板梅わさ

材料

かまぼこ　100g
大葉　2枚
梅干し(甘口)　1個
わさび　小さじ1/2
削り節　1/2パック
醤油　小さじ1

作り方

1.かまぼこは板から切り離し、4等分に切り、真ん中に切り込みを入れる。
2.大葉は軸を切り落とし、縦半分に切る。
3.小さなボウルに叩いた梅干しとわさび、削り節、醤油を入れて混ぜる。
4.1の切り込みに大葉と3を挟む。

② かき揚げ2種

Point

水気の少ない素材を
選び、天ぷら衣を
できるだけ少なく
纏わせることで
カリッと香ばしく
揚げることができます。

材料　※2人分

●まいたけと生ハム
まいたけ　60g
玉ねぎ　1/4個
生ハム　20g

●桜海老と春菊
桜海老　30g
春菊　60g

天ぷら粉　150g
炭酸水　180g
揚げ油　適量
塩　適量

作り方

1.玉ねぎは半分に切ってから繊維に沿って5㎜幅に、生ハムは2〜3㎝幅に切る。まいたけはひと口大にさく。春菊は葉の部分だけを摘む。
2.ボウルに天ぷら粉を入れ、冷えた炭酸水を加えて泡立て器でダマがなくなるまで混ぜる。
3.玉ねぎ、生ハム、まいたけのセットと春菊と桜海老のセットを別のボウルに入れ、2の天ぷらの衣をそれぞれに少しずつ加えてまんべんなくからめる。
4.フライパンに油を深さ2㎝くらい入れて熱し(180℃)、3をそれぞれ大さじ2くらいずつ手に取り、直径6〜7㎝に広げて整え、油に滑らせて入れる。上下を返しながらカラッとするまで揚げ、油を切る。器に盛り、塩を添える。

③ だし巻きたまご

Point

おつまみの卵焼きは白だしと砂糖で甘辛味に。慣れないと上手に焼くのが難しいと思いがちですが、多少失敗しても焼き上がりを巻きすやアルミホイルで包んでしまえばリカバリーできるので問題なし。

材料　※2人分

卵　4個

A
- 白だし　小さじ2
- 砂糖　大さじ2
- 薄口醤油　小さじ2
- 水　60㎖

サラダ油　適量
大根おろし　適量

作り方

1.ボウルに卵を割り入れ、白身を切るように菜箸でほぐし、Aを加えてさらによく混ぜる。
2.卵焼き器を火にかけ、温まったらサラダ油小さじ1を入れて全体に広げてなじませる。油が温まったら、中火にして卵液の1/4量を流し入れて全体に広げる。
3.縁が固まり始めたら、卵焼き器の手前に向けて巻きながら寄せ、空いた部分に油を数滴落とし、卵焼き器の中の卵を持ち上げて油を流し入れ、全体に行き渡らせる。
4.巻いた卵を卵焼き器の奥に寄せ、手前の空いた部分に残りの卵液1/3量を流し入れ、奥の卵を菜箸を使って持ち上げ、卵液を流し込む。手前の卵がぷくぷくと膨らんできたら菜箸で手前に折りたたむように巻く。
5.卵液がなくなるまでこの工程を繰り返す。最後に表面にきれいな焼き色をつけて取り出す。巻きすかアルミホイルに包んで形を整え、器に盛って大根おろしを添える。

○ 具だくさんの味噌ちゃんこ鍋

野菜もお肉もバランスよくとれる、飲む人も飲まない人も満足度高めなちゃんこ鍋。
豚バラ肉と鶏団子を組合せることでスープの旨味がぐんと増します。
熱々お鍋の副菜は南蛮味噌で食べる冷たい生野菜と、お酒のアテになるタコとしめじのバターポン酢炒めを。

Winter Otsumami

お鍋はもちろん、ほっこり洋食をおつまみにするのも美味しい季節

冬

木枯らしが吹く頃になると
熱々の料理が何よりのご馳走に。
体の芯から温まる鍋や煮込み、オーブン料理が
やっぱり恋しくなります。
さまざまな具材を好みの味わいに仕上げるお鍋や、
大皿でどんと出す肉料理は人が集まるときにもぴったり。
主役を美味しく食べるための副菜もちょこちょこ用意して。
クリスマスや年末年始などのイベントも多い時期なので
簡単にできて美味しいメニューを覚えておくと重宝します。

① 味噌ちゃんこ鍋

Point

だし汁に味噌を
溶いたら、みりんと
醤油でコクを、
おろしにんにくで
パンチをプラス。
定番の白菜より、
甘味の出る
キャベツが合います。

材料　※4人分

豚バラ肉薄切り
300g
油揚げ　1枚
大根　5cm
にんじん　1/2本
ごぼう　1本
長ねぎ　1本
キャベツ　5～6枚
ニラ　1束
えのき　1パック
しいたけ　4枚

※鶏団子
鶏ひき肉　400g
長ねぎ(みじん切り)
15cm分
おろし生姜
大さじ1
卵　1個
片栗粉　大さじ1
塩　小さじ1/2

※鍋つゆ
だし汁　1200mℓ
味噌　60g
酒　大さじ3
みりん　大さじ3
醤油　大さじ2
おろしにんにく
1かけ分

作り方

1.ボウルに鶏団子の材料を入れてよく練り混ぜる。
2.豚肉、油揚げは食べやすい大きさに切る。野菜類もそれぞれ食べやすい大きさに切る。ごぼうはピーラーで薄切りにしてさっと水にさらし、水気を切る。
3.鍋に鍋つゆ用の材料をすべて入れて沸かし、鶏団子をスプーンで形を整えながら入れる。豚肉を入れて、ごぼう、大根、にんじんなどの火の通りにくいものから加える。アクが出たら取り除き、油揚げ、長ねぎ、キャベツ、ニラ、きのこ類を加える。好みで一味唐辛子、柚子胡椒、小ねぎの小口切り（分量外）などを添えていただく。

② 野菜スティック
—南蛮味噌—

材料

紫大根、きゅうり、セロリ、パプリカ
などの野菜を好きな量

※南蛮味噌（作りやすい分量）
味噌　100g
青唐辛子　1～2本
おろしにんにく　1かけ分
酒　大さじ1
みりん　大さじ1
醤油　大さじ1
砂糖　大さじ3
ごま油　小さじ2

Point
青唐辛子はかなり
辛いので、刻むときは
ビニール手袋を
すると安心です。
好みによって
量は調節を。

作り方

1.青唐辛子は縦半分に切り、種を取り除き、細かく刻む。
2.小鍋に南蛮味噌の材料を入れてよく混ぜて火にかける。
味噌がぶくぶく沸騰して照りが出るまで練り混ぜる。
3.器に盛り、野菜を添える。

Point
タコは最後に入れて、
柔らかく
仕上げるのがコツ。

③ タコとしめじの バターポン酢炒め

材料　※2人分

タコ　150g
しめじ　1パック
バター　20g
ポン酢　大さじ2
胡椒　少々
かぼす　適量

作り方

1.タコはひと口大（2cm程度）に切る。しめじは石づきを取り小房に分ける。
2.フライパンにバターを溶かし、しめじを入れてしんなりするまで炒め、タコを加え、全体に火が通ったら、ポン酢と胡椒を入れて味を調える。器に盛り、いちょう切りにしたかぼすを散らす。

◦ クリスマスのおつまみごはん

赤身肉のステーキ1枚をふたりで十分楽しめるヘルシーなタリアータは、ご馳走感のある一品。
ミディアムレアに焼き上げたステーキを削ぎ切りにしてたっぷりの野菜と。バルサミコ酢のコクのある酸味が味の決め手です。

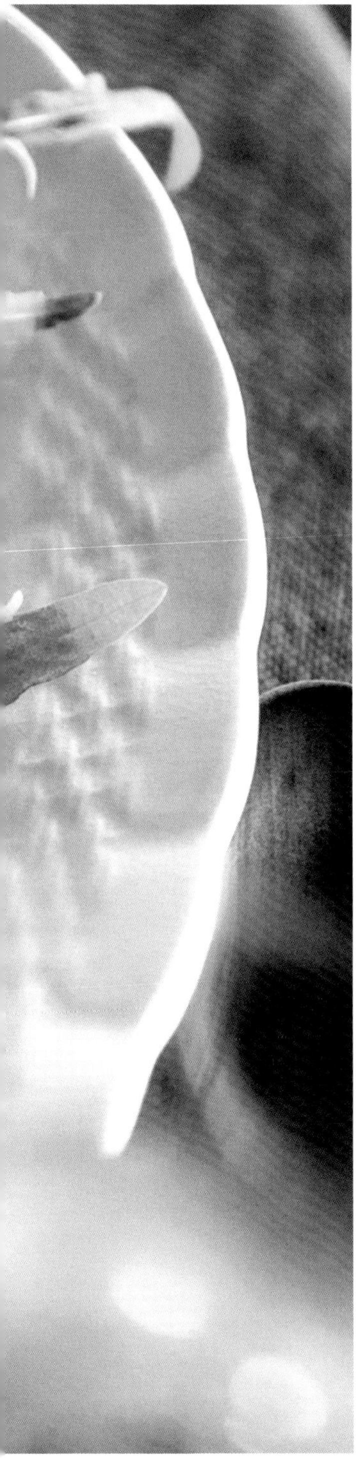

① 牛赤身肉のタリアータ

材料　※2人分

牛赤身肉ステーキ用　200〜250g
バルサミコ酢（熟成タイプ）　大さじ 2〜3
オリーブオイル　大さじ 2
ルッコラ　2束
パルミジャーノレッジャーノ　適量
塩・黒胡椒　各適量

作り方

1.牛肉の両面にしっかりと塩・胡椒（ともに分量外）をしてなじませる。フライパンにオリーブオイル大さじ1を入れて中火で肉の両面に香ばしい焼き色がつくまで各2分ずつ焼く。焼き上がったらアルミホイルに包んで肉汁が落ち着くまで室温で休ませる（5〜6分）。
2.ルッコラは洗って水気を拭きちぎる。
3.休ませた牛肉をひと口大の削ぎ切りにする。器にルッコラを敷き、牛肉をのせてパルミジャーノを削りかける。仕上げにバルサミコ酢とオリーブオイル大さじ1を回しかけ、塩・胡椒を振る。

Point
赤身肉は焼きすぎに
注意。しっとり
柔らかに仕上げて。

スモークサーモンと
アボカドのタルタル

牛赤身肉の
タリアータ

トマトと苺の
カプレーゼ

② トマトと苺のカプレーゼ

材料　※2人分

ブッラータ（モッツァレラでも）　1個
ミニトマト　1パック
苺　8粒
スイートバジル　1枝

A
- ホワイトバルサミコ酢　大さじ1
- オリーブオイル　大さじ2
- にんにく（みじん切り）　少々
- 塩　小さじ1/2
- 黒胡椒　少々

作り方

1.ミニトマトは半分に、苺は食べやすい大きさに切る。
2.ボウルにミニトマトと苺を入れ、Aを加えて和える。
3.器に盛り、ブッラータをのせる。仕上げにオリーブオイルと塩・胡椒を振り（各分量外）、バジルの葉を添える。

Point
ブッラータチーズのまろやかさを、甘酸っぱさで引き立てているのがポイント。

Point
食べやすいスモークサーモンに薬味をたっぷり加えて爽やかに。ワインに合う一品が完成。

③ スモークサーモンとアボカドのタルタル

材料　※2人分

スモークサーモン　100g
アボカド　1個
紫玉ねぎ　1/4個
ケッパー　大さじ1
レモン汁　大さじ1
塩・胡椒　各少々
ディル　適量
サワークリーム　大さじ3
オリーブオイル　大さじ1

作り方

1.スモークサーモンは粗く刻む。紫玉ねぎはみじん切りにして水にさらし、水気をペーパータオルで絞る。アボカドは縦半分にぐるりと包丁を入れ、両手でぐるりと回して2つに割り、種と皮を取り除く。1.5㎝角に刻んだら、レモン汁と塩・胡椒、オリーブオイルを加えて混ぜる。
2.ボウルにスモークサーモン、紫玉ねぎ、ケッパー、レモン汁、オリーブオイル、塩、胡椒を入れてさっくりと混ぜ合わせる。
3.器にサーモンのタルタルを敷き、アボカド、スライスしていちょう切りにしたレモン（分量外）を添え、最後にサワークリームをのせてディルを飾る。

○ 発酵白菜と豚バラ肉の中華鍋

旬の白菜に塩をまぶし数日置いて発酵させた絶妙な酸味が、加熱されることで旨味に変わり食べ飽きない味わいに。豚バラ肉がさっぱり、いくらでも食べられます。

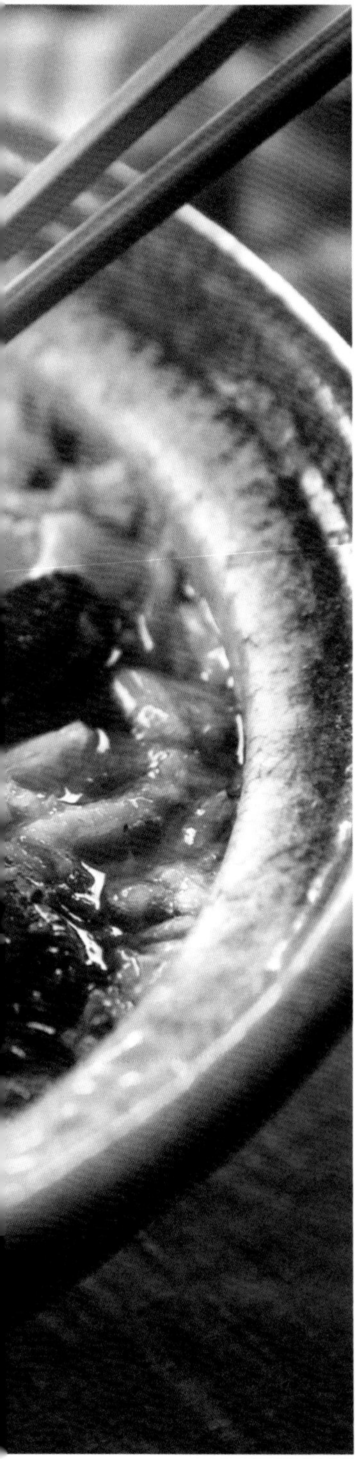

① 発酵白菜鍋

材料　※2人分

白菜　1/2株
塩　大さじ4
酢　大さじ3

※スープ
干ししいたけ　5個
水　600mℓ

※具材
豚バラ肉
しゃぶしゃぶ用　250g
えのき、しめじ、
ひらたけなど　各適量
豆苗　1袋
豆腐　1丁

※青唐辛子入りニラだれ
ニラ（5㎜幅に切る）
1/2束
青唐辛子
（縦に切り種を取り除き
5㎜幅に切る）　1本
醤油　大さじ3
酢　大さじ1
ごま油　小さじ2

※ピーナッツバターだれ
ピーナッツバター
（粒入り）　大さじ2
醤油　大さじ3
酢　大さじ2
砂糖　大さじ2
ラー油　小さじ2
パクチー　適量

A
顆粒の鶏ガラスープの素
大さじ1
にんにく（スライス）　1かけ分
生姜（スライス）　1かけ分

作り方

1.発酵白菜を作る。白菜を2㎝幅のざく切りにして、ジッパー付き保存袋に入れ、塩を入れて軽く揉み、酢を加えて4～5日程度室温に置いておく。
2.干ししいたけを分量の水で戻す。戻したしいたけはひと口大に切る。戻し汁は取っておく。
3.具材の準備をする。きのこ類は石づきを切り落とし、小房に分ける。豆苗は根を切り落とす。豆腐は食べやすく切る。たれの材料を合わせる。
4.2の戻し汁としいたけ、1を入れて火にかけ、沸騰したらAを加えて中弱火で発酵白菜が柔らかくなるまで煮る。食卓に移し、3の具材を煮ながらたれにつけて食べる。

Point
発酵白菜と
干ししいたけで
旨味たっぷりに。
豚バラ肉は
しゃぶしゃぶ用が
相性よし。

発酵白菜鍋
セロリと搾菜の
和えもの
棒餃子

Point

セロリはひと塩して余分な水気を抜き、カリカリとした食感に仕上げて。

② セロリと搾菜の和えもの

材料　※2人分

セロリ　2本
塩　小さじ1/4
味付け搾菜　1/2瓶
炒りごま　大さじ1

A
醤油　小さじ1
酢　小さじ1
ごま油　小さじ2
炒りごま　大さじ1

作り方

1.セロリは筋を取り、斜め薄切りにする。塩を振ってなじませ、出た水気をしっかり絞る。
2.搾菜は食べやすくざく切りにする。
3.ボウルに1と2を入れ、Aを加えて混ぜる。器に盛り、炒りごまを振る。

Point

餡にも発酵白菜を拝借。包まず折るだけなので簡単にできる餃子です。

③ 棒餃子

材料　※2人分

餃子の皮　10枚

※餡
豚ひき肉　150g
白菜　60g
ニラ　40g

A
おろし生姜　小さじ1
オイスターソース　小さじ1
醤油　小さじ2
塩　小さじ1/2
砂糖　小さじ1
ごま油　小さじ2

作り方

1.ニラは0.5㎜幅に切る。白菜はみじん切りにして塩（分量外）で軽く揉み、水気を絞る。もしくは鍋用の発酵白菜を利用してもよい。その場合は水気を絞り、みじん切りにする。
2.ボウルに豚ひき肉を入れてAを加えてよく揉み込む。1を加えてまんべんなく混ぜ、10等分にする。
3.餃子の皮を置き、真ん中に縦に2の餡を置き、ふちに水をつけて両端を折って棒状にする。
4.フライパンにサラダ油（分量外）をひき、とじ目を上にして3を並べ火をつける。香ばしい焼き目がついたら、水50㎖（分量外）を注ぎ、蓋をして水気がなくなるまで中火で蒸し焼きにする。水気がなくなったら強火にし、周りからごま油小さじ2（分量外）を回し入れ、余分な水気を飛ばし、カリッと仕上げる。好みで酢醤油とラー油を添える。

◦ みんなで食べたいご馳走ビストロおつまみ

塊肉を使ったちょっぴり豪華なローストが主役のビストロ風ディナー。
オーブンを使わず、失敗知らずのローストポークには甘酸っぱいりんごとプルーンを添えて。
シーフードマリネ、ホクホクのポテトグラタンとの3点セットがあればお家クリスマスも華やかに。

① 豚肉のポットロースト りんごとプルーン添え

材料　※4人分

豚肩ロース(焼き豚用ブロック)　600g
塩　小さじ2
砂糖(豚肉用)　小さじ2
胡椒　適量
ローリエ　3枚
ローズマリー　3本
オリーブオイル　大さじ1
ドライプルーン　10粒
りんご　1個
バター　大さじ1
レモン汁　大さじ1
砂糖(フルーツ用)　大さじ2
ピンクペッパー　少々

※ソース
粒マスタード
大さじ2
ハチミツ
大さじ2
醤油
大さじ2

作り方

1.豚肩ロース肉は塩と砂糖をすり込んで冷蔵庫で2時間以上置く。
2.豚肉が入るサイズの厚手の鍋にオリーブオイルをひき、水気を拭いて胡椒を振った豚肉を入れて全体に香ばしい焼き色がつくまで焼き付ける。
3.ローズマリーとローリエをのせて蓋をして弱火で時々返しながら30分焼く。竹串を刺して肉汁が透明になったら焼き上がり。鍋の中で粗熱が取れるまで冷ます。
4.りんごは8等分に切り、芯を取り2cmの厚さに切る。
5.フライパンにバターを溶かし、りんごとプルーンを入れて、レモン汁と砂糖を加えてしっとりするまで炒め合わせる。
6.豚肉を1cm幅ほどにスライスして器に盛り、5と合わせたソースを添え、ピンクペッパーを振る。

Point
ソースは
合わせるだけの
ハニーマスタードが
相性抜群。
隠し味の醤油が全体を
まとめてくれます。

Point
じゃがいもは
スライスしたら
水にさらさず、
直接ミルクで煮る
ことでほどよい
とろみがつきます。

② グラタンドフィノア
—じゃがいものグラタン—

材料　※4人分

じゃがいも（メークイン）　3個
おろしにんにく　小さじ1/2
牛乳　100mℓ
生クリーム　150mℓ
バター　大さじ1
ナツメグ　少々
塩　小さじ1/2
胡椒　少々
グリュイエールチーズ　大さじ3

作り方

1.じゃがいもは皮をむいて、5㎜の薄さにスライスし鍋に入れて、塩･胡椒、にんにくを入れて牛乳と生クリームを注ぎ、ナツメグを振って火にかける。沸騰したら5分煮る。

2.耐熱容器にバター（分量外）を塗り、1を入れてチーズを振り、バターをちぎって数カ所に散らし、オーブントースターで15分ほど焦げ目がつくまで焼く。

③ シーフードマリネ

Point
マリネは前日から
用意が可能。
シーフードは弱火で
柔らかく。
アンチョビ風味で
ワインが進みます。

材料　※4人分

茹でダコの足　2本
海老　12本
帆立（刺身用）　6個
チコリ　適量

※ドレッシング
レモン汁　大さじ2
白ワインビネガー　大さじ1
オリーブオイル　90mℓ
にんにく（みじん切り）　小さじ1
パセリ（みじん切り）　大さじ1
アンチョビペースト　小さじ2
塩　小さじ1/2
胡椒　少々

作り方

1.茹でダコは薄切りにする。海老は洗って背ワタを取る。帆立は半分に切る。
2.鍋に湯を沸かし、塩、レモンの輪切り1枚（ともに分量外）を入れ、まず帆立を入れて表面が白くなるまで茹でて取り出す。続いて海老を入れて茹で、取り出して尾を残して殻をむく。
3.ボウルにドレッシングの材料のオリーブオイル以外を入れてよく混ぜ、オリーブオイルを少しずつ加えながらさらに混ぜる。
4.ドレッシングに帆立、海老、タコを入れて和える。器にちぎったチコリを敷き、魚介を盛り付ける。

豚肉のポットロースト
りんごとプルーン添え
グラタン
ドフィノア
シーフード
マリネ

○ おでんを囲んで温かな晩酌タイム

寒い冬、熱々のおでんは何よりのご馳走。しみしみの大根にほっこり卵、バラエティ豊かな練りもの…
各自で好きなものをあれこれ選ぶのはおでんならではの楽しみ。美味しい日本酒とじんわり温まりましょう。

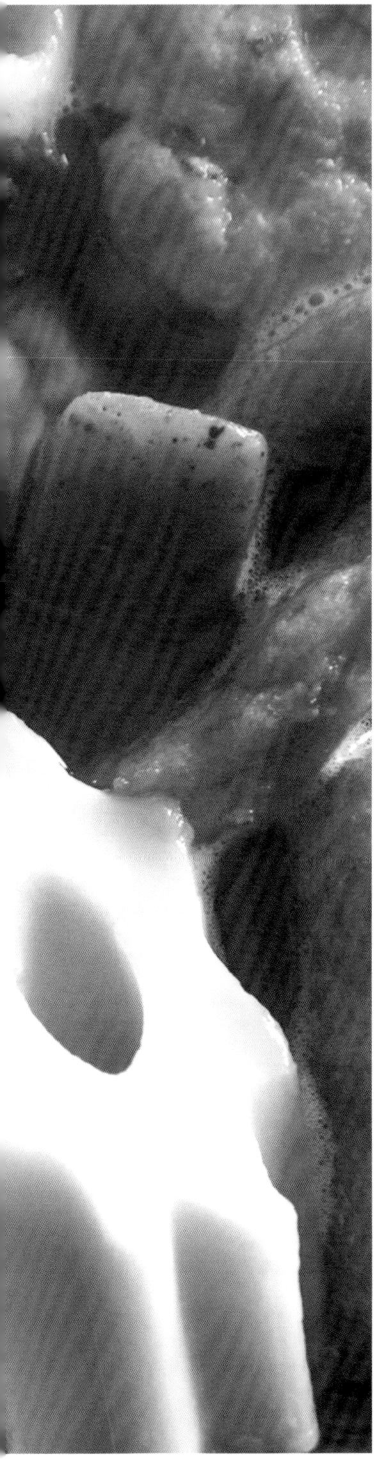

①しみしみおでん

材料　※4人分

卵　2個
こんにゃく　2枚
大根　1/2本
厚揚げ　1/2枚
焼きちくわ、ごぼう天、
さつま揚げなど好みのおでん種、
牛すじ肉、餅巾着、
ちくわぶ　各適量
トマト　2個
水　1.5ℓ
だしパック　3個
醤油（あれば薄口醤油）
大さじ4
みりん　大さじ4
塩　小さじ1/2

※ねぎ味噌
赤味噌　大さじ3
砂糖　大さじ4
酒　大さじ2
みりん　大さじ2
小ねぎ　適宜

作り方

1.具材の下ごしらえをする。大根は3㎝の輪切りにしてから厚めに皮をむく。半月形に切り、裏側に隠し包丁を入れる。生米大さじ1（分量外）を入れた水（あれば米の研ぎ汁）で柔らかくなるまで15分茹でる。そのまま水に取る。こんにゃくは塩（分量外）で揉み、ひと口大に切り、沸騰した湯で2分茹で、ザルに上げる。トマトは湯むきする。卵は沸騰した湯に入れ、8分茹でて水に取り、殻をむいて水に浸す。揚げた練りものと厚揚げはザルに入れて熱湯をかける。
2.おでんのつゆを作る。大きな鍋に水を入れて沸騰させ、だしパックを入れてだし汁を作る。醤油、みりん、塩を入れる。
3.2に大根を入れて煮始める。沸騰したら極弱火にする。20分煮たらこんにゃくとゆで卵、厚揚げ、ちくわぶなどを加え、さらに20分煮る。練りものや牛すじを加えてさらに10分煮て火を止める。一度煮汁が冷めるまで置き、再び火をつける。餅巾着とトマトを加えて極弱火で10分加熱する。
4.おでんを煮ている間にねぎ味噌を作る。小鍋に小ねぎ以外の材料を入れてゴムベラなどでしっかりと混ぜる。食べる際に、刻んだ小ねぎを好みで足す。

Point

とにかく弱火で
じっくり煮込めば、
すっきり汁の透き通った
美味しいおでんが完成。
一度冷ましてから
食べるときに
再度温めると
しみしみの状態に。

Point

冬らしい白い食材を、
香りのいい柑橘で
仕上げた一品。
すっきりした味わいが
おでんと相性抜群。

② 帆立とかぶの柑橘マリネ

材料　※2人分

帆立(刺身用)　4個
かぶ　3個
カボス果汁　大さじ2
塩　小さじ1
太白ごま油(または米油)　大さじ2

作り方

1.かぶは葉を切り落とし、皮をむいて、大きければ縦半分に切ってから薄切りにする。塩小さじ1/2を振ってしばらく置き、ペーパータオルで水気を拭く。葉は細かく刻んで塩小さじ1/2を振り、しばらく置いて水気をしっかり絞る。

2.帆立は水洗いしてから水気を拭き、3等分に薄切りにして塩(分量外)を軽く振っておく。

3.ボウルにカボス果汁を入れ、帆立を加えてさっと和え、かぶと太白ごま油を加えて和える。器に盛り、かぶの葉を散らす。

③ 水菜と長芋のサラダ

ー明太子ドレッシングー

材料　※2人分

水菜　1束
長芋　約10㎝
小ねぎ　5本

※ドレッシング
明太子　1腹
レモン汁　大さじ1
醤油　小さじ2
オリーブオイル　大さじ2

Point

水菜と長芋は
シャキシャキに。
旨味のある明太子が
味の決め手です。

作り方

1.水菜は根を切り落とし、ざく切りにし、水にさらしてザルに上げて水気を切る。長芋は皮をむき、4㎝の細切りにする。小ねぎは小口切りにする。

2.明太子を薄皮からしごき出し、ボウルに入れ、ほかのドレッシングの材料を加えて混ぜる。

3.水菜と長芋を混ぜて器に盛り付け、2をかけ、小ねぎを散らす。

帆立とかぶの
柑橘マリネ
水菜と長芋の
サラダ
しみしみ
おでん

○ あつあつ煮込みハンバーグで洋食屋さん風

鍋ごと食卓に出すあつあつの煮込みハンバーグが主役の、懐かしくてほっとする洋食屋さん風。
トロトロ、アチチの主菜を美味しく食べるには冷たくてシャキシャキ食感のサラダでコントラストを利かせて。

① 煮込みハンバーグ

材料　※2人分

合挽き肉　400g
玉ねぎ　小1個
パン粉　1/2カップ
牛乳　50mℓ
卵　1個
塩　小さじ1弱
胡椒、ナツメグ　各少々
赤ワイン　50mℓ
ドミグラスソース缶詰
1缶(290g)
野菜ジュース
1缶(120mℓ)
ウスターソース
大さじ2
トマトケチャップ
大さじ2
バター　大さじ1
ブロッコリー　1/2株
にんじん　1本
マッシュルーム　10個

作り方

1.玉ねぎは粗めのみじん切りにする。パン粉に牛乳をかけてふやかす。
2.ブロッコリーは小房に分け、にんじんは1.5cmの輪切りにし、それぞれ塩茹でにする。
3.ボウルに合挽き肉と1、塩・胡椒、ナツメグ、卵を入れて粘りが出るまでよく混ぜる。
4.3を4つに分け、小判形にまとめる。
5.フライパンに4を入れて焼き、表面に焼き色がついたら裏返して軽く焼き、赤ワインを注いで沸騰させる。
6.厚手の鍋にドミグラスソースと野菜ジュースを入れて沸かし、ハンバーグを汁ごととバター、ハンバーグを焼いたあとのフライパンで半分に切ってさっと炒めたマッシュルームを入れて弱火で約8分煮込む。ウスターソースとトマトケチャップ、塩・胡椒(分量外)で味を調えてから2を加える。

Point
表面を香ばしく焼き付けてからソースで煮込んでふっくらと。玉ねぎは炒めず生のまま加えることでぐんと手間が省けて、シャキシャキの歯応えに。

② サーモンとかぶのサラダ

材料　※2人分

スモークサーモン　80〜100g
かぶ　2個
水菜　1/2束
レモン　適量

※ドレッシング
粒マスタード　小さじ１
酢　大さじ１
醤油　小さじ１
オリーブオイル　大さじ２
塩　小さじ1/4
胡椒　少々

作り方

1.水菜は４cmのざく切りにする。かぶは皮をむき５mmの厚さに切り、軽く塩（分量外）を振り、しんなりしたら水気を絞る。レモンは薄い半月切りにする。
2.ドレッシングは合わせておく。
3.ボウルにサーモンとかぶ、水菜、レモンを入れてドレッシングで和える。

Point
かぶと水菜は
よく冷やして
パリッとした食感に。
よく冷やして
サーブすれば、
熱々ハンバーグとの
コントラストが
際立ちます。

Point
切り干し大根は
水で戻したあと
水気をしっかり
絞ってから炒めるのが
美味しく仕上げるコツ。
水分が残っていると
味が入っていきません。

③ 切り干し大根の煮物

材料　※2人分

切り干し大根（乾物）　30g
油揚げ　1枚
にんじん　1/2本
サラダ油　小さじ２
だし汁　300mℓ

A
みりん　大さじ２
醤油　大さじ２
砂糖　小さじ１

作り方

1.切り干し大根はさっと洗ってから水で戻し、しっかりと水気を絞る。油揚げは縦半分にしてから細切りにする。にんじんは太めの千切りにする。
2.鍋にサラダ油を入れて熱し、戻した切り干し大根とにんじんを入れて油をなじませるようにほぐしながら炒め、油揚げを入れてだし汁を注ぎ、Aを加えて沸騰させ、煮汁がなくなるまで弱火で12〜15分ほど煮る。

サーモンと
かぶのサラダ
煮込み
ハンバーグ
切り干し大根の
煮物

○ 焼売を主役に、今夜は家中華

蒸籠の湯気がうれしい季節。2種類の豚肉に玉ねぎをたっぷり合わせて作るぷりぷり食感&肉汁溢れる焼売は、手作りならではの美味しさ。あとは卵入りで食べ応えを増した甘酸っぱい海老チリと、豆苗のパリパリ感を楽しむサラダを添えて。もちろん乾杯は紹興酒。

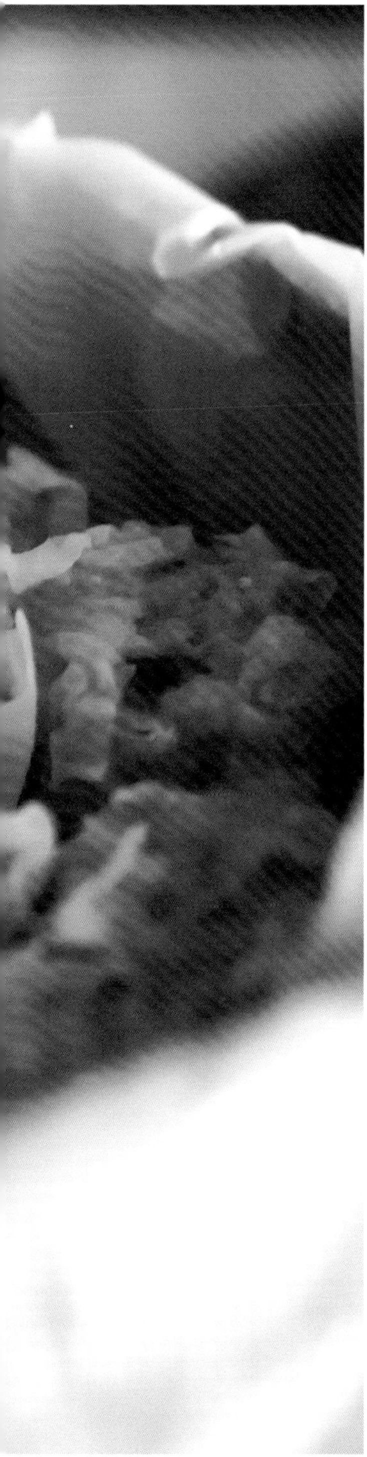

①焼売

材料　※作りやすい分量

豚ひき肉　150g
生姜焼き用豚肉　150g
卵　1個
玉ねぎ　小1個(250g)
片栗粉　大さじ3
しいたけ　3枚
焼売の皮　30枚
おろし生姜　小さじ2
醤油　大さじ1と1/2
砂糖　小さじ2
塩　小さじ1

作り方

1.生姜焼き用の豚肉は1cm弱の粗みじん切りにする。しいたけと玉ねぎは5mm角に切る。
2.ボウルに豚ひき肉と1で切った生姜焼き用豚肉を入れ、塩、砂糖の順に入れて混ぜてから、おろし生姜、醤油、卵を加え、粘りが出て白っぽくなるまでよく練り混ぜる。ラップをして冷蔵庫で1時間以上休ませる。
3.1で刻んだ玉ねぎの水気を切って、片栗粉をまんべんなく振ってまぶす。
4.ボウルに3の玉ねぎとしいたけを入れて、休ませていた2の肉だねを加えて混ぜ合わせる。
5.肉だねを30個に分けて丸めてから、焼売の皮で包む。
6.クッキングシートを敷いた蒸籠に5を並べて、蒸気の上がった鍋にのせて15〜18分蒸す。辛子や酢醤油(ともに分量外)を添える。

Point
ひき肉に、刻んだ生姜焼き用の豚肉を混ぜると肉々しさが増し食感もぷりぷりに。あとは肉だねを常に冷たく保つことが大切。だれてしまうと蒸したときにしっかりした形になりません。

② 卵入り海老チリ

Point
海老は油を使わず
湯通ししてさっぱり、
ぷりぷり食感に。

材料　※2人分

海老（ブラックタイガーや大正海老）　10尾
片栗粉　小さじ2
卵　2個
生姜（みじん切り）　小さじ1
にんにく（みじん切り）　小さじ1
長ねぎ（みじん切り）　10㎝分
豆板醤　小さじ1

A
- トマトジュース　160㎖
- ケチャップ　大さじ2
- 鶏ガラスープの素　小さじ1
- 砂糖　小さじ2
- 醤油　小さじ2
- 水　大さじ2
- 塩　少々

B
- 片栗粉　小さじ1
- 水　小さじ2

サラダ油　大さじ2
ごま油　小さじ1

作り方

1.海老は殻と尾を除き、背に切り込みを入れて背ワタを取り除き、片栗粉をまぶす。鍋に湯を沸かし、海老を色が変わるまでさっと茹でて引き上げる。
2.卵をボウルに割り入れてほぐす。フライパンにサラダ油大さじ1を入れて熱し、卵を流し入れて大きくかき混ぜて半熟状態になったら一度取り出す。
3.フライパンにサラダ油大さじ1を熱し、生姜、にんにく、豆板醤を弱火で炒める。香りが立ったらAを注ぎ入れて沸騰させる。混ぜながらBを加えてとろみが出たら、1と長ねぎ、2を加えてさっと火を通し、ごま油をたらす。

Point
加熱して食べることが
多い豆苗ですが、
生で食べるのも
シャキシャキして
美味しい。豆苗と
きゅうりの緑に
カニカマの赤を
効かせて彩りよく。

③ 豆苗ときゅうりとカニカマのサラダ

材料　※2人分

豆苗　1パック
きゅうり　1本
カニカマ　1パック

A
- 塩　小さじ1/4
- 胡椒　少々
- ごま油　大さじ1
- 炒りごま　小さじ1

作り方

1.豆苗は根元を切り落とし、長さを半分に切る。きゅうりは斜め薄切りにして細切りにする。カニカマは食べやすくほぐす。
2.ボウルに1を入れ、Aを加えてよく混ぜる。

豆苗ときゅうりと
カニカマのサラダ

卵入り
海老チリ

◦ お家でレストラン気分なおつまみごはん

記念日やクリスマス…お家でちょっと豪華なディナーがしたいときは、赤ワインでじっくり煮込んだ牛肉を主役に。
作り置きできるきのこのマリネと市販の素材を上手に使ったグルメサラダで、レストランにも負けない食卓が完成します。

① 牛肉の赤ワイン煮込み

—マッシュポテト添え—

材料　※4人分

牛肉肩ロースブロック　800g
玉ねぎ　1個
にんじん　1本
セロリ　1本
赤ワイン　600mℓ
コンソメ顆粒　小さじ2
ドミグラスソース缶(400g)　1缶
ローリエ　2枚
オリーブオイル　大さじ2
薄力粉　適量
水　600mℓ

塩・胡椒　各少々

A　バター　10g
　　薄力粉　10g

※マッシュポテト
じゃがいも　250g
バター　30g
牛乳　70mℓ
塩　小さじ1

いんげん　適量

作り方

1.玉ねぎ、にんじん、セロリは粗みじん切りにする。牛肉は5cm角に切り、塩・胡椒(分量外)を振り、薄力粉をまぶす。
2.厚手の鍋にオリーブオイル大さじ1を熱し、玉ねぎ、にんじん、セロリ、塩ひとつまみ(分量外)を入れ、中火で玉ねぎが透明になり、余分な水分がなくなって甘味が出るまで炒める。
3.フライパンにオリーブオイル大さじ1を熱し、牛肉を入れ、強火で肉の表面に香ばしい焼き色がつくまで焼き付け、2の鍋に加える。
4.赤ワインを注ぎ、強火で沸騰させてアルコール分を飛ばす。水を加えて沸騰させる。アクを取り、コンソメ顆粒とローリエを加え蓋をして弱火で1時間30分ほど煮込む。
5.表面の脂を取り除き、ドミグラスソース缶を加える。
6.小鍋に5のスープをお玉1杯取り、Aを練り合わせたものを加え、泡立て器で混ぜながら加熱する。とろみがついたら5の鍋に入れ、さらに10分ほど煮て塩(分量外)で味を調える。
7.マッシュポテトを作る。皮をむいてひと口大に切り、水にさらしたじゃがいもを小鍋に水(分量外)と塩と一緒に入れ、沸騰したら弱火にして柔らかくなるまで20分ほど煮る。茹で汁を捨てて、じゃがいもをマッシャーなどで潰し、バターと牛乳を加えて木べらで混ぜながら弱火で加熱する。
8.いんげんは塩茹でにして半分に切る。
9.6を器に盛り、マッシュポテトといんげんを添える。

Point

赤ワインは安いもので構いません。
使う牛肉も煮込み用ならなんでもOK。
赤身のスネ肉ならあっさり、バラ肉ならこってり濃厚に。

グルメサラダ
きのこの
マリネ
牛肉の
赤ワイン煮込み

② きのこのマリネ

Point

きのこのマリネは
数種類を取り合わせる
ことで味に深みが
出ます。これ以外にも、
まいたけやえのき
などを使ってもOK。

材料　※4人分

しめじ　1パック
マッシュルーム　6個
エリンギ　1パック
しいたけ　6枚
紫玉ねぎ（みじん切り）　1/4個分
にんにく（みじん切り）　小さじ1
バルサミコ酢　大さじ1
コンソメ顆粒　小さじ1
オリーブオイル　大さじ2
塩　小さじ1
胡椒　少々
ピンクペッパー、刻んだパセリ　各適量

作り方

1.きのこ類は石づきを取り、エリンギとしめじは食べやすく裂く。しいたけとマッシュルームは1.5cm厚さにスライスする。
2.フライパンにオリーブオイルを熱し、1を入れて、塩少々（分量外）を振り、強火で焼き付けるように炒める。しんなりしたらにんにくを加え、さらに炒める。
3.コンソメ顆粒とバルサミコ酢を加えて、塩・胡椒で味を調え、紫玉ねぎを加えて火を止める。
4.器に盛り、ピンクペッパーと刻んだパセリを振る。

Point

パテのほか、
生ハムもよく合います。
チーズはお好みで。
ドレッシングに
ハチミツを加える
ことで塩気を引き立て、
ワインに合う味わいに。

③ グルメサラダ

材料　※2人分

市販のパテドカンパーニュ　1枚
カマンベールチーズ　1/2個
りんご　1/2個
レモン汁　適量
ミックスグリーン　1袋
アンディーブ　1個
ローストしたくるみ　適量

A
粒マスタード　小さじ2
ワインビネガー　大さじ1
オリーブオイル　大さじ2
ハチミツ　大さじ1
塩　小さじ1/2
胡椒　少々

作り方

1.アンディーブは2cm幅に切り、ミックスグリーンと一緒に水に浸してから水気を切り、冷蔵庫で冷やしてパリッとさせる。りんごは皮付きのままくし形に切って芯を取り、5mmの厚さに切り、レモン汁を振りかけておく。パテドカンパーニュとカマンベールチーズはひと口大に切る。
2.器にミックスグリーン、アンディーブ、りんご、パテドカンパーニュ、カマンベールチーズを盛り合わせ、粗く砕いたくるみを散らし、よく混ぜたAをかける。

○ やっぱり落ち着く、和食ごはん

甘味が増した旬の大根に鶏肉の旨味をしっかり含ませた、こっくり美味しい煮物が主役。
お刺身の盛り合わせと納豆を焼き海苔で巻いて食す五色納豆、口の中をさっぱりさせるほうれん草のだし浸し…と
日本酒に合う献立で。お燗で体もぽかぽか温まります。

① 鶏肉と大根のこっくり煮

材料　※2人分

鶏もも肉　1枚（300g）
大根　400g
生姜　1かけ
ゆで卵　2個

A
- だし汁　400mℓ
- 酒　大さじ2
- みりん　大さじ2
- 砂糖　大さじ2
- 醤油　大さじ2

作り方

1.大根は2㎝の輪切りにして皮をむき、いちょう切りにする。耐熱ボウルに入れ、水大さじ2（分量外）を振ってふんわりとラップをかけ、電子レンジ（600W）で8分加熱する。水で洗って水気を切る。
2.鶏肉は筋と余分な脂身を取り除き、大きめのひと口大に切る。フライパンに皮面から並べて表面に香ばしい焼き色がつくまで焼く。
3.鍋にAを入れて沸かし、大根と鶏肉、薄切りにした生姜を入れて、アクを取り除き、落とし蓋をして弱火で15分ほど煮含める。ゆで卵を加えてさらに5分煮て器に盛り付ける。

Point

水気も甘味も多い
旬の大根は、下茹で
などの工程は必要なし。
皮をむいたものを
電子レンジにかければ
短時間でも
柔らかくなり、
直煮にしても中まで
しっかり味が
染み込みます。

ほうれん草と
しめじのだし浸し
五色納豆
鶏肉と大根の
こっくり煮

② 五色納豆

材料　※2人分

刺身盛り合わせ(6切れ程度)　1皿
ひきわり納豆　1パック
長芋　3cm
小ねぎ(小口切り)　大さじ2
たくあん、しば漬け(粗みじん切り)
各大さじ1
醤油　小さじ2
焼き海苔　適量

作り方

1.刺身は8mm角に切る。長芋は皮をむいて8mm角に切る。ひきわり納豆は付属のタレを加えて混ぜる。
2.器に1、たくあん、しば漬け、小ねぎを盛り合わせ、海苔を添える。醤油をかけて混ぜ合わせ、海苔で包んで食べる。

Point
刺身と納豆に、漬け物や長芋の食感を合わせてメリハリを。お刺身は2〜3種類を盛り合わせた1人前を使うと、2人で食べるのにちょうどいい量。

Point
ほうれん草は根元についた土を流水で落とし、茹でる前にしっかり水に浸して葉に水分を行き渡らせて。茹ですぎ禁物、シャキッとした食感に。

③ ほうれん草としめじのだし浸し

材料　※作りやすい分量

ほうれん草　1束
しめじ　1パック
柑橘(すだちやかぼすなど)　1/2個

A
だし汁　200mℓ
醤油　小さじ2
酒　小さじ2
塩　小さじ1/4

作り方

1.ほうれん草はさっと茹でて水に取り、水気を絞って3cmの長さに切る。しめじは石づきを取り、小房に分ける。
2.鍋にAを入れて沸かし、しめじを入れてひと煮立ちさせ、冷ます。
3.2が冷めたら、ほうれん草を入れて混ぜる。味を見て塩(分量外)で味を調える。器に盛り、好みの柑橘を添える。

Otsumami Column-③ シメの一品　すすってシメたい。

かき揚げ蕎麦

P.098 のシメにおすすめ

材料　※2人分

茹で蕎麦　2玉
だし汁　500㎖
みりん　大さじ2
醤油　大さじ2
塩　少々
かき揚げ　適量

作り方

1.かき揚げはP.100を参照。鍋にだし汁を入れて火にかけ、みりんと醤油、塩を加えひと煮立ちさせる。
2.別の鍋で蕎麦を表示時間通り茹でてザルに上げる。
3.器に蕎麦を入れて熱々の1を注ぎ、かき揚げをのせる。

シンプル中華麺

P.110 のシメにおすすめ

材料　※2人分

中華麺　1~2玉
パクチー　適量
ラー油　適宜
胡椒　適宜

作り方

1.P.110の発酵白菜鍋の残った具材を取り除く。
2.別の鍋に湯を沸かし、中華麺をさっと茹でてザルに上げ、1の鍋に加えて好みのかたさになるまで煮る。器に取り分け、刻んだパクチーを散らす。好みでラー油や胡椒を振りかける。

コングクス風そうめん

P.078 のシメにおすすめ

材料　※2人分

そうめん　2束
きゅうり　1本
キムチ　適量
すりごま　少々

A
豆乳　400㎖
白だし　小さじ3
塩　少々

作り方

1.きゅうりは細切りにする。Aは合わせてよく冷やす。
2.そうめんは茹でて冷水でぬめりを取り、水気を切って器に盛る。Aを注ぎ、きゅうりとキムチをのせ、すりごまを振る。

しらすのレモンパスタ

P.010 のシメにおすすめ

材料　※3人分

スパゲッティ　180g
しらす　大さじ4
イタリアンパセリ　1枝
レモン　適宜

A
レモン汁　大さじ2
オリーブオイル　大さじ1
白だし　小さじ1
柚子胡椒　小さじ1

作り方

1.ボウルにしらすと刻んだイタリアンパセリ、Aを入れて軽く混ぜ合わせる。
2.鍋にたっぷりの湯を沸かし、湯に対して1.5%の塩（分量外）とスパゲッティを入れて茹でる。袋の表示時間より30秒ほど早くザルに上げ、1のボウルに加えて手早く和える。好みでスライスしたレモンを添える。

ニラ梅干しにゅうめん

P.032 のシメにおすすめ

材料　※2人分

そうめん　1〜2束
ニラ　1束
梅干し　2個
炒りごま　適量
ごま油　大さじ1
塩　小さじ1/2

A
水　500㎖
白だし　大さじ3
塩　ひとつまみ

作り方

1.ニラは４㎝幅に切る。そうめんを袋の表示通りに茹でて、ザルに上げ、水で洗って水気を切る。　2.小鍋にAを合わせて沸かす。3.フライパンにごま油を入れて熱し、ニラを入れてさっと炒め、塩を振る。4.器にそうめんを入れ、2を注いで3と梅干しをのせ、炒りごまを振る。

味噌ラーメン

P.104 のシメにおすすめ

材料　※2人分

生中華麺　1〜2玉
青ねぎ　適量
バター　適量

作り方

たっぷりの湯を沸かし、中華麺を固めに茹でる。P.104の味噌ちゃんこ鍋の残った具材を取り除き、麺を入れてひと煮立ちさせる。器に取り分け、小口切りにした青ねぎとバターをのせる。

春夏秋冬の季節感たっぷりのレシピ、いかがでしたか？ だけど、くいしんぼうおつまみはまだまだ終わらない。
お腹いっぱいでも食べられちゃうから不思議、最後はやっぱりシメたいあなたへ贈る18品。これでやっと「ごちそうさま！」。

生マッシュルームのパスタ

P.082 のシメにおすすめ

材料 ※2人分

マッシュルーム　4~5個
パスタ（スパゲッティーニ） 160g
バター　40g
オリーブオイル　小さじ2
ナンプラー　小さじ2
塩・黒胡椒　各適量
レモン　適宜

作り方

1.鍋に湯をたっぷり沸かし、塩（分量外）を多めに入れてパスタを袋の表示時間通り茹でる。
2.マッシュルームは縦薄切りにする。
3.フライパンにオリーブオイルとバターを入れて溶かし、ナンプラーを入れひと混ぜして火を止め、茹で上がったパスタとマッシュルームを入れて、よく和えて器に盛る。黒胡椒を挽いてかける。好みでレモンを搾って食べる。

豆乳担々うどん

P.076 のシメにおすすめ

材料 ※2人分

うどん　2玉
ごま油　小さじ2
おろしにんにく　小さじ2
おろし生姜　小さじ2
ピーナッツバター　大さじ2
味噌　大さじ1
豆乳鍋の残りのスープ 300mℓ
白だし　適宜
青ねぎ、ラー油、炒りごま 各適量

作り方

1.P.76の豆乳しゃぶしゃぶの具材を取り除く。小さなフライパンにごま油を入れ、おろしにんにくとおろし生姜を入れて弱火で焦げないように香りが立つまで炒める。
2.火を止めてピーナッツバター、味噌を加えて練ったものを豆乳鍋のスープに溶かし入れ、味が足りなければ白だしを加えて味を調える。
3.表示通りに茹でたうどんを器に盛り、スープをかけ、刻んだ青ねぎとラー油、炒りごまをお好みでかける。

にんにくスープパスタ

P.086 のシメにおすすめ

材料 ※2人分

スパゲッティ　100g
にんにく　2かけ
赤唐辛子　1本
水　500mℓ
オリーブオイル　大さじ3
コンソメ顆粒　小さじ2
乾燥オレガノ　少々
塩　小さじ1
胡椒　少々
市販のトマトソース　100mℓ

作り方

1.にんにくは芯を取り除いてから3㎜程度の薄切りにする。赤唐辛子は種を取って輪切りにする。
2.深さのあるフライパンにオリーブオイルとにんにく、赤唐辛子を入れて火にかけ、中弱火でにんにくに香ばしい焼き色がつくまでじっくり炒める。
3．フライパンの火を一度止め、水を注ぎ、もう一度火にかけてコンソメ顆粒を入れて沸騰したら、乾燥オレガノ、塩・胡椒で味を調える。スパゲッティを乾麺のまま加えて袋の表示時間どおり茹でる。器にスープごと盛り、トマトソースを浮かべる。

Otsumami Column ③ シメの一品　やっぱり米が食べたい。

冷やしクッパ

P.040 のシメにおすすめ

材料　※2人分

ご飯　茶碗2杯分
温泉卵　2個
小ねぎ（小口切り）適量
炒りごま　適量
白菜キムチ　適量
韓国海苔　適量
A［冷水　500mℓ
　 白だし　大さじ4

作り方

1.ご飯はさっと水で洗って器に盛る。
2.1に合わせたAを注ぎ、温泉卵、小ねぎ、炒りごま、キムチ、ちぎった韓国海苔をのせる。

白いご飯のオムライス

P.122 のシメにおすすめ

材料　※2人分

卵　2個
生クリーム　大さじ1
塩　少々
バター　10g
ご飯　茶碗1杯分
煮込みハンバーグのソース　適量

作り方

1.P.122の煮込みハンバーグのソースを使う。まずボウルに卵を割り入れ、生クリームと塩を入れて混ぜる。2.小さなフライパンにバターを入れて中火で熱し、バターが溶けたら１を流し入れてゴムベラで大きく混ぜ、半熟状になったら火を止める。3.器にご飯を盛り、２をのせて煮込みハンバーグのソースをかける。

梅入り茶めし

P.118 のシメにおすすめ

材料　※作りやすい分量

米　2合
梅干し　2個
みりん　大さじ2
醤油　小さじ2
水　適量
塩昆布　小さじ1

作り方

1.米は研いで水を注ぎ30分〜１時間浸水させる。
2.浸水させた米をザルに上げて水気を切り、炊飯器の内釜に入れ、みりんと醤油を加えてから２合の目盛りに合わせて水を注ぎ、梅干しをのせて炊飯する。3.炊き上がったら茶碗によそい、塩昆布を散らす。

せりご飯のおむすび

P.006 のシメにおすすめ

材料　※2人分

ご飯　茶碗2杯分
せり　1/2束
しらす　大さじ2
炒りごま　大さじ1
塩　小さじ1/2

作り方

1.せりは沸騰した湯でさっと茹でて冷水に取り、よく水気を絞って２cm幅に切る。
2.ボウルに炊き立てのご飯を入れて１としらす、塩、炒りごまを入れて混ぜる。2つに分けて、手水をつけて塩（分量外）をなじませてから好みの形に握る。

牛すねスープかけご飯

P.044 のシメにおすすめ

材料　※2人分

ご飯　茶碗2杯分
キムチ　適量
ゆで卵　1個

作り方

P.47の牛すね肉のスープ煮を使う。器にご飯を盛り、スープをかける。半分に切ったゆで卵をのせ、刻んだキムチを添える。

大葉としば漬けのご飯

P.134 のシメにおすすめ

材料　※2人分

大葉　10枚
しば漬け（粗みじん切り）適量
ご飯　茶碗2杯分

作り方

1.大葉はなるべく細い千切りにする。
2.ご飯を茶碗に盛り、大葉をふわりとのせ、中央にしば漬けをのせる。

焼きおにぎりのだし茶漬け

P.090 のシメにおすすめ

材料 ※2人分

温かいご飯　200g
削り節　1袋
醤油　小さじ1と1/2
サラダ油　小さじ1
だし汁　200㎖
薄口醤油　小さじ1
梅干し　2個
大葉　適量

作り方

1.ご飯に削り節と醤油を混ぜて2等分しておにぎりをしっかりめに握る。
2.フライパンにサラダ油をひいて熱し、おにぎりの両面をこんがり焼く。
3.器に2を入れ、だし汁を沸かして薄口醤油を加えたものをかける。梅干し、刻んだ大葉をのせる。

トマ玉スープご飯

P.026 のシメにおすすめ

材料 ※2人分

水　400㎖
トマト　1個
卵　1個
小ねぎ(小口切り)　適量
ご飯　茶碗2杯分

A
- 鶏ガラスープの素　小さじ2
- 塩　小さじ1
- 砂糖　小さじ1/2

ごま油　小さじ1
水溶き片栗粉
〈片栗粉、水　各大さじ2〉

作り方

1.鍋に水を入れ、火にかける。沸騰したらトマトをさっと浸して湯むきしてからざく切りにする。卵は割りほぐす。
2.1の鍋の湯にAを加えて火にかける。沸騰したらトマトを加え、ひと煮立ちしたら、水溶き片栗粉を混ぜながら加えてとろみをつけてから、溶き卵を混ぜながら流し入れてふんわり仕上げ、ごま油を加える。
3.器にご飯を盛り、2をかけ、小ねぎを散らす。

COLUMN

マッシュルームご飯

P.106 のシメにおすすめ

材料 ※2人分

マッシュルーム　6個
玉ねぎ(みじん切り)　1/4個分
にんにく(みじん切り)　1かけ分
バター　20g
ご飯　茶碗2杯分
コンソメ顆粒　小さじ2
塩　小さじ1/2
黒胡椒　少々
パセリ(みじん切り)　適量

作り方

1.P.106のステーキを焼いたフライパンを使用。マッシュルームは粗みじん切りにする。ステーキを焼いたフライパンにバターとにんにくと玉ねぎのみじん切りを入れて火にかける。じゅうじゅうと音を立ていい香りがしてきたら、マッシュルームを入れてしんなりするまで炒め、コンソメ顆粒と塩・胡椒で味を調える。
2.1にご飯を入れて、まんべんなく炒め合わせる。器に盛り、パセリのみじん切りを散らす。

あとがき

おつまみとして楽しめて、おかずとしての満足感もある…
そんなテーマでご紹介したレシピ、いかがでしたでしょうか。
普段あまりお料理をしない人にも「作ってみたい！」と
思ってもらえるようなものが作れたらいいなと思い、考えたレシピたち。
頭をめぐらせて完成したメニューを、撮影でスタッフの皆さんが
「美味しい！」「サイコー！」と完食してくれるのを見て、
ほっと安心すると同時に、料理で喜んでもらえる幸せを感じていました。
月刊誌『CLASSY.』で2年半「arikoのおつまみごはん」連載を続けて、
レシピは大充実。どれもこれもおすすめなのですが、
一品でも作ってもらえたら、そして楽しいひとときを過ごしていただけたら、
こんなにうれしいことはありません。

最後に、美味しそうなだけでなく、
雰囲気を感じさせてくれる素敵な写真を撮ってくださった
カメラマンの須藤敬一さん、福本和洋さん。
私らしさを生かしつつ、おしゃれなテーブルを
コーディネートしてくださった山口裕子さん、
いつもキッチンで明るくサポートしてくれたアシスタントの小林りささん。
素晴らしいデザインに仕上げてくださった大塚將生さん、
お酒好き、美味しいもの好きのくいしんぼう魂を発揮しながら、
連載時から書籍化までしっかりと寄り添ってくださった編集の月田彩子さん。
関わってくださったすべての皆さまに感謝の気持ちでいっぱいです。
たくさんの方のお手元に届きますように。

ariko

PROFILE

ariko

『CLASSY.』『VERY』などの
ファッション誌のエディター、ライターであり料理家。
日々の料理や食事をポストする
インスタグラム(@ariko418)は
現在フォロワー21万人。
著書は『arikoの食卓』シリーズ(ワニブックス)、
『ありこんだて arikoの、今晩なに作る?』(光文社)、
『arikoの副菜の鬼』(主婦の友社)ほか。
日本テレビ系列『キユーピー3分クッキング』にも出演。

STAFF

撮影/須藤敬一、福本和洋(P.048-051、P.098-101)
スタイリング/山口裕子
調理アシスタント/小林りさ
装丁・デザイン/大塚將生(marron's inc.)
編集/月田彩子(CLASSY.編集部)

ariko《ありこ》のくいしんぼうおつまみ
飲《の》む人《ひと》も飲《の》まない人《ひと》も、みんな美味《おい》しい

2024年6月5日　初版第1刷発行

著者　ariko
発行者　今尾朝子
発行所　株式会社　光文社
〒112-8011
東京都文京区音羽1-16-6
編集部　☎03-5395-8141
書籍販売部　☎03-5395-8116
制作部　☎03-5395-8125
印刷・製本　大日本印刷株式会社

ISBN 978-4-334-10333-0